FCD53

DESARROLLO EN JAVA CON FRAMEWORK SPRING

FCD53

DESARROLLO EN JAVA CON FRAMEWORK SPRING

Eugenia Pérez Martínez

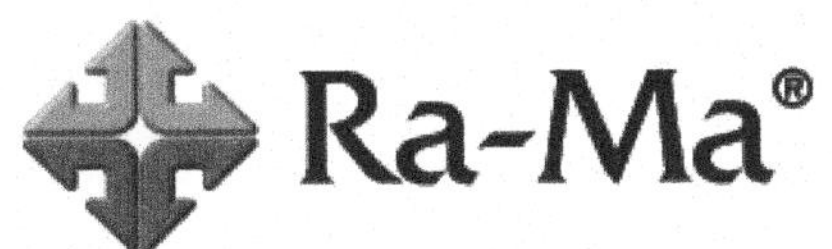

La ley prohíbe
fotocopiar este libro

FCD53 - DESARROLLO EN JAVA CON FRAMEWORK SPRING

Editado por:
RA-MA Editorial
Calle Jarama, 3A, Polígono Industrial Igarsa
28860 PARACUELLOS DE JARAMA, Madrid
Teléfono: 91 658 42 80
Fax: 91 662 81 39
Correo electrónico: *editorial@ra-ma.com*
Internet: *www.ra-ma.es* y *www.ra-ma.com*
ISBN: 979-13-8764-212-9
Depósito legal: M-1861-2025
Maquetación: Antonio García Tomé
Diseño de portada: Antonio García Tomé
Filmación e impresión: Safekat
Impreso en España en enero de 2025

A mi familia.

ÍNDICE

1

FRAMEWORK SPRING

1.1 INTRODUCCIÓN

Spring es un *framework* de desarrollo y contenedor de inversión de control *open source* para crear aplicaciones Java.

El creador de Spring es Rod Johnson, quien lo lanzó junto a la publicación de su libro *Expert One-on-One J2EE Design and Development* (Wrox Press, octubre 2002). En junio de 2003 vio la luz la primera versión del *framework* bajo la licencia Apache 2.0.

El primer gran lanzamiento fue la versión 1.0, que apareció en marzo de 2004. Al poco tiempo fue seguida por otros hitos en septiembre de 2004 y marzo de 2005. Los premios llegaron con la versión 1.2.6, cuando Spring obtuvo los reconocimientos *Jolt Awards* y *Jax Innovation Awards* en 2006. En ese mismo año fue lanzada la versión 2.0 del *framework*, posteriormente la versión 2.5 en noviembre de 2007, la 3.0 en diciembre de 2009, y dos años más tarde la 3.1. En enero de 2013 se anunció el inicio del desarrollo de la versión 4.0. Finalmente, en el momento de escribir este documento nos encontramos en la versión 4.2.0.

Una aplicación Java normalmente consiste en una serie de objetos que colaboran para conseguir el propósito de la aplicación. De ahí que los objetos de una aplicación tengan dependencia unos de los otros.

Aunque la plataforma Java proporciona una gran cantidad de funcionalidades de desarrollo de aplicaciones, tiene carencias en la manera de organizar las distintas partes de una aplicación en un todo, delegando esta tarea en arquitectos y desarrolladores. Los profesionales pueden apoyarse en los distintos patrones de diseño existentes (por ejemplo *Factory*, *Abstract Factory*, *Builder*, *Decorator*, o *Service Locator*), sin embargo estos patrones no son más que simplemente buenas prácticas que uno debe implementar por sí mismo.

El componente de inversión de control del *framework* Spring se encarga de solucionar esta dificultad proporcionando una manera formalizada de componer y combinar los distintos componentes de una aplicación.

1.2 COMPONENTES DE UNA APLICACIÓN SPRING

El *framework* Spring comprende diversos módulos que proveen un amplio rango de servicios:

- **Contenedor de inversión de control**: permite la configuración de los componentes de la aplicación y la gestión de instancias de clases Java, que se lleva a cabo principalmente a través de la inyección de dependencias.
- **Programación orientada a aspectos**: facilita la implementación de código transversal.
- **Acceso a bases de datos**: permite interactuar con sistemas gestores de bases de datos con distintos paradigmas, como relacionales o NoSQL, utilizando tanto conectores con un nivel de abstracción menor como JDBC o superior como ORMs.
- **Gestión de transacciones**: unifica distintas APIs de gestión y coordina las transacciones para los objetos Java.
- **Modelo vista controlador** (MVC, *Model View Controller*): un *framework* basado en controladores, vistas (en JSP u otras tecnologías) y el modelo, además de en la extensión y personalización de aplicaciones web y servicios *web REST*.
- **Acceso remoto**: mediante tecnologías variadas como RMI, CORBA y protocolos basados en HTTP incluyendo servicios web (SOAP) facilita la importación y exportación del estilo RPC de objetos Java.
- **Convención sobre configuración**: el módulo Spring Roo fue introducido con el propósito de agilizar la puesta en marcha de proyectos en el *framework* Spring mediante un *shell* muy potente, donde prima la simplicidad sin renunciar en ningún momento a la flexibilidad.

- **Procesamiento por lotes**: un *framework* de procesamiento de tareas, con funcionalidades reutilizables como gestión de transacciones, estadísticas de procesamiento de trabajos, inicio de tareas, etc.
- **Autenticación y autorización**: herramientas para procesos de seguridad que abarcan un amplio abanico de estándares, protocolos, herramientas de seguridad y prácticas a través del subproyecto *Spring Security* (antiguamente *Acegi*).
- **Administración remota**: mediante JMX (*Java Management Extensions*), configuración de visibilidad y gestión de objetos Java para la configuración local o remota JMX.
- **Mensajes**: mediante JMS, registro configurable de objetos receptores de mensajes, para el consumo transparente; una mejora del envío de mensajes sobre las API JMS estándar.
- **Testing**: soporte de clases para desarrollo de unidades de prueba e integración.

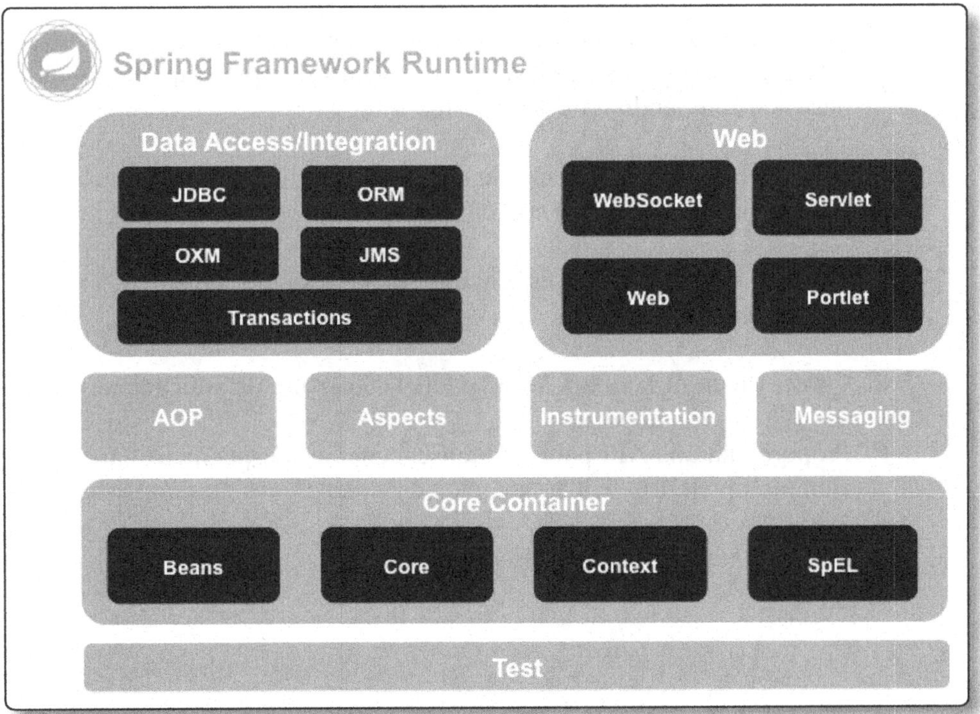

Figura 14.1. Módulos del entorno de ejecución de Spring

1.3 CARACTERÍSTICAS DE SPRING

Spring es el *framework* de desarrollo de aplicaciones Java más popular. Millones de desarrolladores en todo el mundo lo utilizan para crear aplicaciones de alto rendimiento, fáciles de probar y con código reutilizable.

Como ya se ha dicho, Spring es *open source*. Además, es un *framework* muy ligero, pesando la versión básica solo 2 MB.

Las características principales de Spring pueden ser utilizadas en el desarrollo de cualquier aplicación Java, pero hay extensiones para ir más allá en los desarrollos.

Los beneficios de utilizar Spring son:

- Permite a los desarrolladores el desarrollo de aplicaciones empresariales utilizando POJO. La ventaja de utilizar POJO es que no se necesita un contenedor de EJB como un servidor de aplicaciones, sino que existe la opción de utilizar simplemente un contenedor de *servlets* como puede ser Tomcat o cualquier otro producto comercial.
- Spring está organizado de manera modular. A pesar de que el número de clases y paquetes es elevado, solo tienes que preocuparte de los que necesitas, pudiendo ignorar el resto.
- Spring no trata de reinventar la rueda. En su lugar, utiliza algunas de las tecnologías ya existentes como ORM, *frameworks* de *logging*, etc.
- El testeo de aplicaciones es sencillo gracias a su mecanismo de inyección de dependencias.
- Consta de un *framework* MVC para el desarrollo de aplicaciones web.
- Proporciona una API para traducir excepciones específicas lanzadas por ejemplo por JDBC, Hibernate, etc., en excepciones más consistentes.
- Proporciona gestión de transacciones.

1.3.1 Entorno de desarrollo

En el momento de escribir esto la opción más cómoda para desarrollar proyectos Spring y poder incluir las dependencias de forma automática sería utilizando Eclipse J2EE Luna.

Esta versión de Eclipse trae soporte de serie para crear proyectos Maven. Para los proyectos Spring debemos incluir un *plugin*, el STS que está en *http://www.springsource.org/sts*. Con el *plugin* ya podemos crear proyectos de varios tipos. Nosotros utilizaremos aquel que se genera con la estructura que dictamina Maven y crea un *pom.xml* con las dependencias ya especificadas:

File > New Spring Project > Simple Spring Maven

Al crear este proyecto podrás distinguirlo de los anteriores (marcados con M de Maven) puesto que se marcan con la S de Spring. Ten en cuenta que todavía no estamos configurando un proyecto web sino un proyecto Spring ordinario para ejecución por consola.

Para la configuración de Spring se hará uso de un fichero *beans.xml* que, como todos los ficheros de configuración, debemos almacenar en *src/main/resources*. Para generarlo:

New > Other > Spring > Spring Bean Configuration File

Una vez que lo nombremos como *beans.xml* deberemos especificar los espacios de nombres que necesitamos incluir:

- *beans*: será utilizado en todos los proyectos puesto que nos permite manejar *beans* que representan los objetos.
- *aop*: para especificar aspectos.
- *context*: cuando utilicemos *autowiring*.
- *p*: propiedades abreviadas.
- *tx*: transacciones.
- Etc.

Ahora que tenemos el XML creado con la cabecera precisa procederemos a introducir los *beans* y las inyecciones.

1.3.2 Inyección de dependencias

Una de las mayores ventajas de las pruebas unitarias es la de garantizar la calidad del software desarrollado mediante métodos que permiten testear o probar una tarea concreta. No obstante, para realizar pruebas unitarias muchas veces surge la necesidad de falsear objetos en los tests unitarios (*mock objects*), lo cual exige desacoplamiento de clases y, por extensión, la DI (*Dependency Injection*).

Vamos a ver este caso a través de un sencillo ejemplo:

```
public class Driver {
  private Car vehicle = new Car();

  public Driver () {
  }

  public void drive () {
    vehicle.move();
  }
}
```

El *Driver* o conductor necesita obviamente un vehículo, y por tanto tiene un atributo que se instancia en la propia clase. La pega con la que nos encontramos es que el *Driver* se desplaza con un único coche y no puede usar otro vehículo. Además no podremos testear que realmente se llama al método *move()* del atributo *vehicle* ya que este es privado.

El objetivo final es que las clases estén cohesionadas, es decir, que colaboren entre ellas sin estar acopladas. Con el objeto de llegar a ese equilibrio aplicamos la inyección de dependencias para que las instancias de las que se depende se asignen desde fuera a la clase *Driver*.

Disponemos de dos vías simples para hacer la inyección a un atributo: o bien a través del método constructor o bien mediante los métodos *set*. Además en este caso no vamos a asignar una clase concreta sino una interfaz, lo que automáticamente habilita dos posibilidades: poder meter distintos tipos de vehículo (que deben implementar esa interfaz *Vehicle*) y simplificar el testeo del método desplazarse.

Esta sería la interfaz del vehículo:

```
public interface Vehicle {
  public void move();
}
```

Esta es una implementación de esa interfaz:

```
public class Car implements Vehicle {
  private int petrolTank;

  public void move() {
     if (petrolTank > 0)
      petrolTank--;
  }
}
```

Ahora cambiamos al *Driver* o conductor por lo siguiente:

```
public class Driver {
  private Vehicle vehicle;

  public Driver (Vehicle vehicle) {
    this.vehicle = vehicle;
  }

  public void drive () {
    vehicle.move();
  }
}
```

El vehículo, que será de cualquier tipo que implemente esa interfaz, se asignará desde fuera. Además no hacemos complejos los modelos sino que acabarán siendo POJO, es decir, objetos con métodos *getters/setters*.

Aplicando el *framework* Spring, mediante la configuración de un fichero XML podremos instanciar Vehículo (un objeto de la clase *Car*) e inyectarlo en una nueva instancia de *Driver*.

Además de conseguir desacoplar las clases, preparamos el terreno para facilitar el testeo del método *drive*, ya que ahora tenemos acceso al vehículo, que es la interfaz *Vehicle* y podemos falsearlo (o pasarle un *mock object*) en el momento de hacer *test*. Si lo que queremos es comprobar que realmente se llama al método *moverse()* haríamos algo así:

```
package org.sistema.spring.dibasicexample;

import static org.mockito.Mockito.*;
import org.junit.Test;
/**
* Testing drive method
```

```
*/
public class DriverTest {
@Test
public void driveCallsMove () {
   // Create a mock vehicle
   Vehiculo falseVehicle = mock(Vehicle.class);
   // Instance injection for the test
   Driver driver = new Driver(falseVehicle);
   driver.drive();
   // This is the actual TEST
   verify(falseVehicle, times(1)).move();
  }
}
```

Spring tiene como una de sus características más notables la inyección de dependencias. La inyección de dependencias permite instanciar objetos sin que tengamos que crear instancias dentro del código con *new*. Esto facilita en gran medida reducir el acoplamiento entre clases, haciendo que estas sean más sencillas (POJO) y también facilita las pruebas unitarias.

La creación de las instancias la lleva a cabo el *framework* Spring según la configuración que se le indica en un fichero XML. Veamos un ejemplo sencillo en el que tenemos una clase Persona y otra Dirección, con una relación 1:1 unidireccional en la que la Persona sabe su Dirección. Lo notable del ejemplo será que crearemos una Persona, le asociaremos una Dirección y la imprimiremos por pantalla sin que haya un solo *new* en nuestro código.

```
/**
 * Address class.
 *
 * @author Eugenia Pérez Martínez
 * @email eugenia_perez@cuatrovientos.org
 */
public class Address {

  private long id;
  private String street;
  private String postCode;

  //Getters, setters & toString()
}
```

La clase Persona es la propietaria de la relación:

```
/**
 * Person class.
 *
 * @author Eugenia Pérez Martínez
 * @email eugenia_perez@cuatrovientos.org
 */
public class Person {
  private long id;
  private String name;
  private Address address;

  //Getters, setters & toString()
}
```

Veamos ahora el fichero de Spring donde se crean las instancias de estas dos clases. Efectivamente es en el fichero *beans.xml* (aunque se puede cambiar) y se encuentra en *src/main/resources*, del que se había hablado en el apartado anterior.

```
<?xml version="1.0"?>
<beans xmlns="http://www.springframework.org/schema/
beans"
  xmlns:xsi="http://www.w3.org/2001/XMLSchema-instance"
  xsi:schemaLocation="http://www.springframework.org/
schema/beans
  http://www.springframework.org/schema/beans/spring-
beans-3.0.xsd ">

  <bean id="address" class="org.sistema.spring.
dependencyInjection.models.Address">
      <property name="id" value="1" />
      <property name="street" value="Avenida Barañáin"
/>
      <property name="postCode" value="31000" />
  </bean>

  <bean id="person" class="org.sistema.spring.
dependencyInjection.models.Person">
      <property name="id" value="1" />
      <property name="name" value="Eugenia" />
      <property name="address" ref="address" />
  </bean>
</beans>
```

Como se puede apreciar, se crea una instancia de cada clase, dando ya un valor a los atributos de cada una. Además, se indica que el atributo *address* va a apuntar al *bean address* que aparece justo encima de *Person*. Fíjate que el *id* de cada *bean* así como los *name* de cada propiedad deben coincidir con el nombre de cada atributo en las clases Java. En el ejemplo anterior los atributos se inyectan mediante los *set*.

También sería posible haciéndolo mediante los constructores de la clase:

```
  <?xml version="1.0" encoding="UTF-8"?>
<beans xmlns="http://www.springframework.org/schema/
beans"
  xmlns:xsi="http://www.w3.org/2001/XMLSchema-instance"
  xsi:schemaLocation="http://www.springframework.org/
schema/beans http://www.springframework.org/schema/
beans/spring-beans-3.2.xsd">

  <bean id="address" class="com.sistema.spring.
Address">
      <constructor-arg name="id" value="1" />
      <constructor-arg name="street" value="Avenida
Barañáin" />
      <constructor-arg name="postCode" value="31000" />
  </bean>
  <bean id="person" class="com.sistema.spring.Person">
      <constructor-arg name="id" value="1" />
      <constructor-arg name="name" value="Eugenia" />
      <constructor-arg name="address" ref="address" />
  </bean>
</beans>
```

Comprobarás que vas a necesitar un constructor en cada clase que reciba todos esos parámetros y, adicionalmente, para que funcione, su constructor por defecto.

Veamos ahora la clase *Main*. Se limita a cargar el contexto de Spring a partir del fichero *beans.xml* y a obtener el *bean person* (*address* se inicializará en cadena). Es decir, se encargará de instanciar la *Person* y de inyectar e instanciar el resto. Por último la imprime:

```
/**
 * Main class.
 *
 * @author Eugenia Pérez Martínez
 * @email eugenia_perez@cuatrovientos.org
```

```
 */
public class Main {

   private static ApplicationContext context;

   public static void main(String[] args) {
      context = new ClassPathXmlApplicationContext("beans.
xml");
      Person person = (Person) context.
getBean("person");
      System.out.print(person);
   }
}
```

Y el resultado sería:

```
Person [id=1, name=Eugenia,
   address=Address [id=1, street=Avenida Barañáin,
postCode=31000]]
```

1.3.3 Autowiring

Conforme los proyectos se complican puede que gestionar el fichero XML donde se hilan las instancias se convierta en una tarea demencial. Una forma de paliar eso es utilizar el *autowiring*, lo cual nos permite mediante varios tipos de convenciones hacer que las instancias se asignen solas de forma automática.

Aquí vamos a ver cómo se podría hacer el *autowiring* a través del nombre de *bean* en el fichero XML. El proyecto *javamon* consiste en una clase de combate que carga dos instancias de la clase *Javamon* y las hace pelear. Todo ello se inicia desde una clase principal.

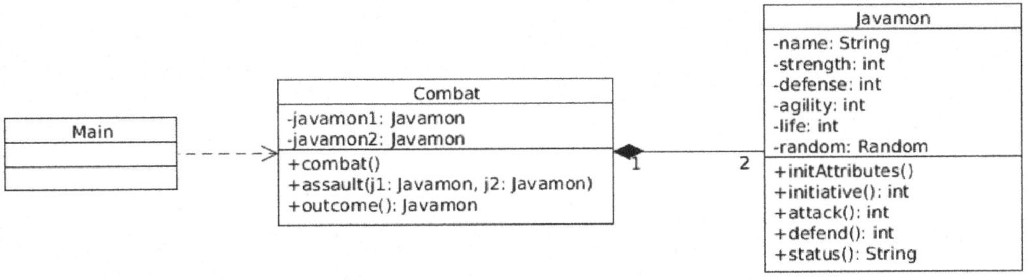

Esta sería la clase *Javamon*, que representa una especie de criatura con una serie de atributos (velocidad, fuerza) que ataca y se defiende:

```
package org.sistema.spring.autowiring.models;

import java.util.Random;

/**
 * Represents a Javamon creature
 *
 * @author Eugenia Pérez Martínez
 * @email eugenia_perez@cuatrovientos.org
 */
public class Javamon {

  private String name;
  private int strength;
  private int defence;
  private int agility;
  private int life;
  private Random random = new Random();

  /**
   * constructor
   *
   * @param nombre
   */
  public Javamon(String nombre) {
    this.name = nombre;
    initAttributes();
  }

  /**
   * intis javamon attributes randomly
   */
  private void initAttributes() {
    int pointsToDeal = 18;

    // to what attrib we give the points in each loop
    int whatAttrib = 0;

    // points to give at most en each loop
    int max = 0;
```

```
    // first they are 0
    strength = defence = agility = 0;
    while (pointsToDeal > 0) {
      whatAttrib = random.nextInt(3);
      switch (whatAttrib) {
      case 0:
        strength++;
        break;
      case 1:
        defence++;
        break;
      case 2:
        agility++;
        break;
      default:
        break;
      }

      pointsToDeal--;
    }

    life = strength + defence + 6;
  }

  /**
   * an initiative roll
   *
   * @return
   */
  public int initiative() {
    return agility + random.nextInt(6);
  }

  /**
   * an attacking roll
   *
   * @return
   */
  public int attack() {
    return strength + random.nextInt(6);
  }

  /**
   * a defending roll
   *
```

```
     * @return
     */
    public int defend() {
        return ((agility + defence) / 2) + random.
nextInt(6);
    }

    /**
     * javamon status description
     *
     * @return
     */
    public String status() {
        return name + "(" + life + ")| S:" + strength + "|
D:" + defence
                + "| A:" + agility;
    }

    public String getName() {
        return name;
    }

    public void setName(String name) {
        this.name = name;
    }

    public int getStrength() {
        return strength;
    }

    public void setStrength(int strength) {
        this.strength = strength;
    }

    public int getDefence() {
        return defence;
    }

    public void setDefence(int defence) {
        this.defence = defence;
    }

    public int getAgility() {
        return agility;
    }
```

```
    public void setAgility(int agility) {
      this.agility = agility;
    }

    public int getLife() {
      return life;
    }

    public void setLife(int life) {
      this.life = life;
    }

    public Random getRandom() {
      return random;
    }

    public void setRandom(Random random) {
      this.random = random;
    }

}
```

La clase Combate es la que se encarga de crear dos instancias de *Javamon* y las hace combatir.

```
package org.sistema.spring.autowiring.models;

/**
 * Runs a combat between Javamon creatures
 *
 * @author Eugenia Pérez Martínez
 * @email eugenia_perez@cuatrovientos.org
 */
public class Combat {

    private Javamon javamon1;
    private Javamon javamon2;
    private int assaults = 0;

    /**
     * Class constructor
     */
    public Combat() {
    }
```

```
    /**
     * this method performs combat
     */
    public void combat() {
      Javamon first, second;
      do {
        assaults++;

        // Depending on initiative roll
        // one attacks and the other defends
        if (javamon1.initiative() < javamon2.initiative()) {
          first = javamon2;
          second = javamon1;
        } else {
          first = javamon1;
          second = javamon2;
        }
        System.out.println(first.status() + " -> attacks -> "
            + second.status());
        assault(first, second);
        // while both are alive they keep on fighting
      } while (first.getLife() > 0 && second.getLife() > 0);

    }

    /**
     * represents one assault of the combar the first
parameter is the attacker
     *
     * @param jm1
     * @param jm2
     */
    private void assault(Javamon jm1, Javamon jm2) {
      // Assault damage will be one attack minus
defender defense roll
      int damage = (jm1.attack() - jm2.defend());
      // In case of damage we decrease defender life points
      if (damage > 0) {
        System.out.println(jm1.getName() + " -> makes " + damage
            + " damage to -> " + jm2.getName());
        jm2.setLife(jm2.getLife() - damage);
      } else {
        System.out.println(jm2.getName() + " stops the
attack!!");
      }

    }
```

```
/**
 * outcome of the combat
 *
 * @return the winner javamon
 */
public Javamon outcome() {
   System.out.println("Total " + assaults + "
assaults");
   if (javamon1.getLife() > 0) {
      return javamon1;
   } else {
      return javamon2;
   }
}

/**
 * @return the javamon1
 */
public Javamon getJavamon1() {
   return javamon1;
}

/**
 * @param javamon1
 *        the javamon1 to set
 */
public void setJavamon1(Javamon javamon1) {
   this.javamon1 = javamon1;
}

/**
 * @return the javamon2
 */
public Javamon getJavamon2() {
   return javamon2;
}

/**
 * @param javamon2
 *        the javamon2 to set
 */
public void setJavamon2(Javamon javamon2) {
   this.javamon2 = javamon2;
}

}
```

La clase principal lo único que hace es sacar una instancia de Combate desde el contexto Spring y llama al método para poner dos *Javamon* en combate.

```
package org.sistema.spring.autowiring;

import org.sistema.spring.autowiring.models.Combat;
import org.springframework.context.ApplicationContext;
import org.springframework.context.support.
ClassPathXmlApplicationContext;

/**
 * Main class.
 *
 * @author Eugenia Pérez Martínez
 * @email eugenia_perez@cuatrovientos.org
 */
public class Main {

  public static void main(String[] args) {
    // public static void main (String args[]) {
    ApplicationContext context = new
ClassPathXmlApplicationContext(
        "beans.xml");
    Combat combat = (Combat) context.
getBean("combat");
    combat.combat();
    System.out.println("And the winner is: " + combat.
outcome().getName());
    System.out.println("Thanks for playing javamon");
  }

}
```

Es en el fichero de Spring donde se hace el *autowiring* por nombre. Creamos dos *beans* llamados estratégicamente *javamon1* y *javamon2* que deben coincidir con los nombres de los atributos (y por tanto los *set* y *get*) de la clase *Combat*. En la instancia de *Combat* debemos decir que hacemos *autowiring*, y Spring hilará el resto.

```
<?xml version="1.0" encoding="UTF-8"?>
<beans xmlns="http://www.springframework.org/schema/
beans"
  xmlns:xsi="http://www.w3.org/2001/XMLSchema-instance"
xmlns:p="http://www.springframework.org/schema/p"
  xsi:schemaLocation="http://www.springframework.org/
schema/beans
```

```
http://www.springframework.org/schema/beans/spring-
beans-3.2.xsd">

  <!-- We instantiate two javamons -->
  <bean id="javamon1" class="org.sistema.spring.
autowiring.models.Javamon">
     <constructor-arg value="Pikachu" />
  </bean>
  <bean id="javamon2" class="org.sistema.spring.
autowiring.models.Javamon">
     <constructor-arg value="Bulbasur" />
     <!-- Si el constructor tuviera más de 1 parámetro
se pondrían tantos
     elementos constructor-arg como parámetros tuviese
-->
  </bean>

  <!-- We create a combat autowiring previous javamon
by name - Combat class
     has two attributes called javamon1 and javamon2
With autowiring they will
     be set automagically -->
  <bean id="combat" class="org.sistema.spring.
autowiring.models.Combat"
     autowire="byName">
  </bean>
</beans>
```

Hay cuatro tipos de *autowiring*:

- **Por nombre (byName)**: es el utilizado en el ejemplo anterior.

- **Por tipo (byType)**: Spring tratará de encontrar una clase cuyo tipo se ajuste a lo que necesitamos.

- **Por constructor**: se buscan los *beans* que se ajusten al constructor. En este caso no fue posible su uso, ya que existían dos parámetros del mismo tipo.

- **autodetect**: en primera instancia se aplica *autowiring* por constructor y si no se consigue lo hace por tipo.

1.3.3.1 AUTOWIRING CON ANOTACIONES

Nos hemos ahorrado algo de trabajo pero seguimos teniendo que hacer la configuración vía XML. Si el único propósito para utilizar XML es crear instancias, entonces podríamos utilizar anotaciones en las propias clases. En concreto, vamos a ver la inyección de dependencias mediante anotaciones en dichas clases.

El proyecto consiste en una serie de clases que representan las clases de un partido de fútbol, con unas relaciones obvias.

- Clase *Player*: representa un jugador.
- Clase *Home*: representa un estadio.
- Clase *Team*: representa un equipo, contiene un *Hashtable* de jugadores y un estadio.
- Clase *Referee*: representa un árbitro.
- Clase *Match*: el partido, contiene un estadio, un árbitro y dos equipos.

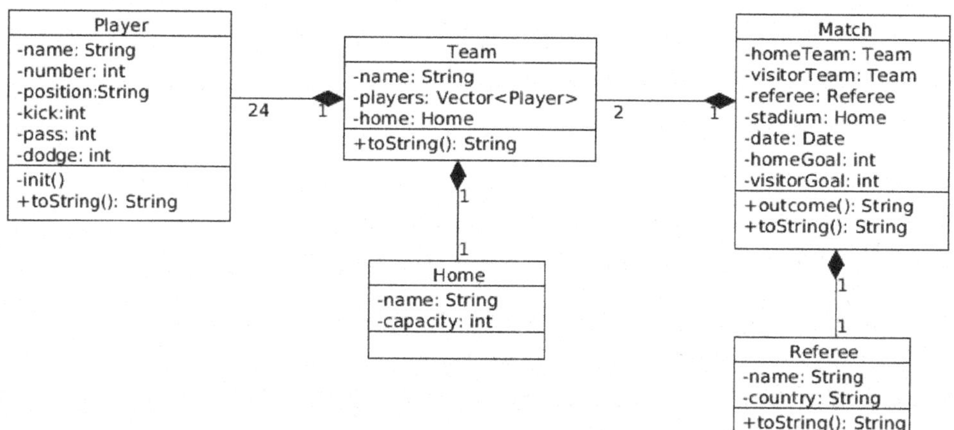

Para hacer la inyección por anotaciones necesitaremos básicamente dos cosas:

- Se debe incluir la siguiente etiqueta *<qualifier name="..." />* en cada instancia desde el fichero XML. Será utilizada más adelante.
- Delante de la propiedad a inyectar o bien en su método *set* se deben indicar las siguientes anotaciones:

```
@Autowired
@Qualifier("el-name-del-xml")
```

Ahora veamos las distintas clases. Comenzaremos por la clase *Player*:

```
package org.sistema.spring.autowiring.annotations.
models;

import java.util.Random;

/**
 * Represents a football player
 *
 * @author Eugenia Pérez Martínez
 * @email eugenia_perez@cuatrovientos.org
 */
public class Player {
  private String name;
  private int number;
  private String position;
  private int kick;
  private int pass;
  private int dodge; // dribbling
  private Random random = new Random();

  /**
   * default constructor
   */
  public Player() {
    init();
  }

  /**
   * Constructor using some fields
   *
   * @param name
   * @param number
   * @param position
   */
  public Player(String name, int number, String
position) {
    this.name = name;
    this.number = number;
    this.position = position;
  }
```

```
    /**
     * inits player playing atributes
     */
    private void init() {
        this.kick = random.nextInt(6) + 1;
        this.pass = random.nextInt(6) + 1;
        this.dodge = random.nextInt(6) + 1;
    }

    /*
     * (non-Javadoc)
     *
     * @see java.lang.Object#toString()
     */
    @Override
    public String toString() {
        return "Player [name=" + name + ", number=" +
number + ", position="
                + position + ", kick=" + kick + ", pass=" +
pass + ", dodge="
                + dodge + ", random=" + random + "]";
    }

    public String getName() {
        return name;
    }

    public void setName(String name) {
        this.name = name;
    }

    public int getNumber() {
        return number;
    }

    public void setNumber(int number) {
        this.number = number;
    }

    public String getPosition() {
        return position;
    }

    public void setPosition(String position) {
        this.position = position;
    }
```

```
    public int getKick() {
        return kick;
    }

    public void setKick(int kick) {
        this.kick = kick;
    }

    public int getPass() {
        return pass;
    }

    public void setPass(int pass) {
        this.pass = pass;
    }

    public int getDodge() {
        return dodge;
    }

    public void setDodge(int dodge) {
        this.dodge = dodge;
    }

    public Random getRandom() {
        return random;
    }

    public void setRandom(Random random) {
        this.random = random;
    }

}
```

Clase *Home* (estadio):

```
package org.sistema.spring.autowiring.annotations.
models;

/**
 * Represents a football player
 *
 * @author Eugenia Pérez Martínez
 * @email eugenia_perez@cuatrovientos.org
 */
```

```
public class Home {
  private String name;
  private int capacity;

  /**
   * default constructor
   */
  public Home() {
  }

  /**
   * @param name
   * @param capacity
   */
  public Home(String name, int capacity) {
    this.name = name;
    this.capacity = capacity;
  }

  /*
   * (non-Javadoc)
   *
   * @see java.lang.Object#toString()
   */
  @Override
  public String toString() {
    return "Home [name=" + name + ", capacity=" +
capacity + "]";
  }

  public String getName() {
    return name;
  }

  public void setName(String name) {
    this.name = name;
  }

  public int getCapacity() {
    return capacity;
  }

  public void setCapacity(int capacity) {
    this.capacity = capacity;
  }

}
```

Clase *Referee* (árbitro):

```
package org.sistema.spring.autowiring.annotations.
models;

/**
 * The referee of the match
 *
 * @author Eugenia Pérez Martínez
 * @email eugenia_perez@cuatrovientos.org
 */
public class Referee {
  private String name;
  private String country;

  /**
   * default constructor
   */
  public Referee() {
  }

  /*
   * (non-Javadoc)
   *
   * @see java.lang.Object#toString()
   */
  @Override
  public String toString() {
    return "Referee [" + (name != null ? "name=" + 
name + ", " : "")
          + (country != null ? "country=" + country + ", 
" : "")
  }

  public String getName() {
    return name;
  }

  public void setName(String name) {
    this.name = name;
  }

  public String getCountry() {
    return country;
  }
```

```
  public void setCountry(String country) {
    this.country = country;
  }
}
```

Clase *Team* (equipo):

```
package org.sistema.spring.autowiring.annotations.
models;

import java.util.Hashtable;
import org.springframework.beans.factory.annotation.
Autowired;
import org.springframework.beans.factory.annotation.
Qualifier;

/**
 * Represents a football team
 *
 * @author Eugenia Pérez Martínez
 * @email eugenia_perez@cuatrovientos.org
 */
public class Team {
  private String name;
  private Hashtable<Integer, Player> players;
  @Autowired
  @Qualifier("sadar")
  private Home homeStadium;

  /**
   * default constructor
   */
  public Team() {
  }

  /**
   * @param name
   * @param players
   * @param homeStadium
   */
  public Team(String name, Hashtable<Integer, Player>
players,
      Home homeStadium) {
    super();
    this.name = name;
```

```
      this.players = players;
      this.homeStadium = homeStadium;
   }

   /*
    * (non-Javadoc)
    *
    * @see java.lang.Object#toString()
    */
   @Override
   public String toString() {
      return "Team [name=" + name + ", players=" +
players.toString()
            + ",homeStadium=" + homeStadium + "]";
   }

   public String getName() {
      return name;
   }

   public void setName(String name) {
      this.name = name;
   }

   public Hashtable<Integer, Player> getPlayers() {
      return players;
   }

   public void setPlayers(Hashtable<Integer, Player>
players) {
      this.players = players;
   }

   public Home getHomeStadium() {
      return homeStadium;
   }

   public void setHomeStadium(Home homeStadium) {
      this.homeStadium = homeStadium;
   }

}
```

Clase *Match* (partido):

```
package org.sistema.spring.autowiring.annotations.
models;

import java.util.Date;
import org.springframework.beans.factory.annotation.
Autowired;
import org.springframework.beans.factory.annotation.
Qualifier;

/**
 * Represents a football match between two teams
 *
 * @author Eugenia Pérez Martínez
 * @email eugenia_perez@cuatrovientos.org
 */
public class Match {
  @Autowired
  @Qualifier("osasuna")
  private Team homeTeam;
  @Autowired
  @Qualifier("erreala")
  private Team visitorTeam;
  @Autowired
  @Qualifier("undiano")
  private Referee referee;
  @Autowired
  private Home stadium; // There is only one Home in
xml file. Spring
  // will inject that.
  private Date date;
  private int homeGoal;
  private int visitorGoal;

  /**
   * default constructor
   */
  public Match() {
  }

  /**
   * gives result of the match
   *
   * @return
```

```
     */
    public String outcome() {
       return homeTeam.getName() + " " + homeGoal + " - "
              + visitorTeam.getName() + " " + visitorGoal;
    }

    /*
     * (non-Javadoc)
     *
     * @see java.lang.Object#toString()
     */
    @Override
    public String toString() {
       return "Match [homeTeam=" + homeTeam.toString() +
"\n, visitorTeam="
              + visitorTeam.toString()
              + "\n, referee=" + referee.toString()
              + "\n, stadium=" + stadium.toString() + "\n,
date=" + date
              + ", homeGoal=" + homeGoal + ", visitorGoal="
+ visitorGoal
              + "]";
    }

    public Team getHomeTeam() {
       return homeTeam;
    }

    public void setHomeTeam(Team homeTeam) {
       this.homeTeam = homeTeam;
    }

    public Team getVisitorTeam() {
       return visitorTeam;
    }

    public void setVisitorTeam(Team visitorTeam) {
       this.visitorTeam = visitorTeam;
    }

    public Referee getReferee() {
       return referee;
    }
```

```
    public void setReferee(Referee referee) {
        this.referee = referee;
    }

    public Home getStadium() {
        return stadium;
    }

    public void setStadium(Home stadium) {
        this.stadium = stadium;
    }

    public Date getDate() {
        return date;
    }

    public void setDate(Date date) {
        this.date = date;
    }

    public int getHomeGoal() {
        return homeGoal;
    }

    public void setHomeGoal(int homeGoal) {
        this.homeGoal = homeGoal;
    }

    public int getVisitorGoal() {
        return visitorGoal;
    }

    public void setVisitorGoal(int visitorGoal) {
        this.visitorGoal = visitorGoal;
    }

}
```

Y esta es la clase principal que lanza la ejecución:

```
package org.sistema.spring.autowiring.annotations;

import org.sistema.spring.autowiring.annotations.
models.Match;
```

```
import org.springframework.context.ApplicationContext;
import org.springframework.context.support.
ClassPathXmlApplicationContext;
/**
 * Main class.
 *
 * @author Eugenia Pérez Martínez
 * @email eugenia_perez@cuatrovientos.org
 */
public class Main {

  public static void main(String[] args) {

    ApplicationContext context = new
ClassPathXmlApplicationContext(
        "football.xml");
    Match match = (Match) context.getBean("match");
    System.out.println("Match data: " + match.
toString());
  }

}
```

Por último, necesitamos crear el fichero XML de Spring:

```
<?xml version="1.0" encoding="UTF-8"?>
<beans xmlns="http://www.springframework.org/schema/
beans"
  xmlns:xsi="http://www.w3.org/2001/XMLSchema-instance"
xmlns:context="http://www.springframework.org/schema/
context"
  xsi:schemaLocation="http://www.springframework.org/
schema/beans
http://www.springframework.org/schema/beans/spring-
beans-3.2.xsd
http://www.springframework.org/schema/context
http://www.springframework.org/schema/context/spring-
context-3.0.xsd">
  <!-- To enable autowiring through annotations -->
  <!-- Don't forget to add context-related xsd lines
above -->
  <context:annotation-config />
  <bean id="match" class="org.sistema.spring.
autowiring.annotations.models.Match">
  </bean>
```

```
  <bean id="team1" class="org.sistema.spring.
autowiring.annotations.models.Team">
      <qualifier value="osasuna" /> <!-- Used in
autowiring with qualifier -->
      <property name="name" value="Osasuna" />
      <!-- This is the way to wire a Hashtable -->
      <property name="players">
        <map>
          <entry key="24" value-ref="player1" />
          <entry key="1" value-ref="player2" />
        </map>
      </property>
  </bean>
  <bean id="team2" class="org.sistema.spring.
autowiring.annotations.models.Team">
      <qualifier value="erreala" />
      <property name="homeStadium" ref="home1" />
      <property name="name" value="Real Sociedad" />
      <property name="players">
        <map>
          <entry key="4" value-ref="player3" />
          <entry key="17" value-ref="player4" />
        </map>
      </property>
  </bean>
  <bean id="home1" class="org.sistema.spring.
autowiring.annotations.models.Home">
      <qualifier value="sadar" />
      <property name="name" value="Sadar" />
  </bean>
  <bean id="referee"
      class="org.sistema.spring.autowiring.annotations.
models.Referee">
      <qualifier value="undiano" />
      <property name="name" value="Undiano Mallenco" />
  </bean>
<bean id="referee2"
      class="org.sistema.spring.autowiring.annotations.
models.Referee">
      <qualifier value="mejuto" />
      <property name="name" value="Mejuto González" />
         <!--if the referee of the match is required to
be changed in the future,
      changing the qualifier attribute of the Match class
from 'undiano'
         to 'mejuto' will be enough -->
```

```
<bean id="player1" class="org.sistema.spring.
autowiring.annotations.models.Player">
     <property name="name" value="Ilarra" />
     <property name="number" value="24" />
     <property name="position" value="Midfielder" />
  </bean>
  <bean id="player2" class="org.sistema.spring.
autowiring.annotations.models.Player">
     <property name="name" value="Casillas" />
     <property name="number" value="1" />
     <property name="position" value="Keeper" />
  </bean>
  <bean id="player3" class="org.sistema.spring.
autowiring.annotations.models.Player">
     <property name="name" value="Pepe" />
     <property name="number" value="4" />
     <property name="position" value="Defender" />
  </bean>
  <bean id="player4"
     class="org.sistema.spring.autowiring.annotations.
models.Player">
     <property name="name" value="Azpilicueta" />
     <property name="number" value="17" />
     <property name="position" value="Fullback" />
  </bean>
</beans>
```

Si ejecutamos el programa vemos que todo funciona correctamente:

```
Match data: Match [homeTeam=Team [name=Osasuna,
players={24=Player [name=Ilarra, number=24,
position=Midfielder, kick=6, pass=3, dodge=2,
random=java.util.Random@ac44e3], 1=Player
[name=Casillas, number=1, position=Keeper, kick=3,
pass=6, dodge=2, random=java.util.Random@1dea2d0]},home
Stadium=Home [name=Sadar, capacity=0]]
, visitorTeam=Team [name=Real Sociedad,
players={17=Player [name=Azpilicueta, number=17,
position=Fullback, kick=5, pass=6, dodge=2,
random=java.util.Random@1932672], 4=Player [name=Pepe,
number=4, position=Defender, kick=1, pass=6, dodge=6,
random=java.util.Random@1c11fcb]},homeStadium=Home
[name=Sadar, capacity=0]]
, referee=Referee [name=Undiano Mallenco, ]
, stadium=Home [name=Sadar, capacity=0]
, date=null, homeGoal=0, visitorGoal=0]
```

1.3.4 SpEL

SpEL o *Spring Expression Language* es un lenguaje introducido desde la versión 3 de Spring que nos permite asignar valores complejos calculados en tiempo de ejecución.

SpEL nos permite por ejemplo hacer operaciones aritméticas, condicionales y hacer referencia a valores de otros *beans* existentes. Vamos a ver los distintos tipos de expresiones que podemos meter, desde las más simples a las más complejas.

1.3.4.1 LITERALES

La expresión más simple de SpEL es un valor dentro de *#{}*, por ejemplo:

```
<property name="speed" value="#{140}" />
<property name="euro" value="#{166.386}" />
```

Que también puede ser compuesto, dentro de una cadena:

```
<property name="description" value="Your age is #{84}" />
```

Pueden ser cadenas:

```
<property name="name" value="#{'Gandalf'}" />
```

O *booleanos*:

```
<property name="examPassed" value="#{false}" />
```

1.3.4.2 REFERENCIAS

En los ficheros también podemos asignar referencias para asignar una instancia entera a una propiedad. Pero si lo que nos interesa es una propiedad de un *bean*:

```
<property name="speed" value="#{'javamon1.speed'}" />
```

Spring llevará a cabo la operación *getSpeed()*.

También podemos invocar el método de un *bean* para sacar un valor.

```
<property name="strength" value="#{dice1.roll()}" />
```

1.3.4.3 TIPOS

Mediante el operador *T()* tenemos acceso a atributos y métodos estáticos de las clases, algo que puede ser realmente útil:

```
<property name="strength" value="#{T(java.lang.Math).PI}" />
<property name="strength" value="#{T(java.lang.Math).
random()}" />
```

También se puede hacer de esta otra forma usando una especie de *pseudojava* y operaciones aritméticas como se ve en el ejemplo anterior:

```
#{new java.util.Random().nextInt(6) + 1}
```

1.3.4.4 OPERACIONES

Podemos meter expresiones más o menos similares a las operaciones básicas que tenemos en el lenguaje Java, con alguna variante:

Aritméticas

+, -, *, /, %, ^

A diferencia de Java, en SpEL tenemos el operador de potencia ^. Un ejemplo simple:

```
<property name="beast" value=#{600 + 66} />
```

Cálculo de la circunferencia dado un radio 40:

```
<property name="circumference" value="#{2 * T(java.
lang.Math).PI * 40}" />
```

Y el área:

```
<property name="area" value="#{T(java.lang.Math).PI *
40 ^2}" />
```

Comparación

<, >, ==, <=, >=, lt, gt, eq, le, ge

Las tenemos en dos formatos, al estilo Java o con expresiones *lt*, *gt*… las cuales tienen el mismo efecto. Nos pueden servir para establecer valores *booleanos* o aplicarlas en expresiones más complejas.

```
<property name="isAllowed" value="#{customer1.age > 17}" />
```

Y esto sería lo mismo:

```
<property name="isAllowed" value="#{customer1.age gt 17}" />
```

Lógicas

and, *or*, *not*, *!*

Un ejemplo sencillo:

```
<property name="isHero" value="#{player1.speed > 100
and player1.level >19}" />
```

Condicionales

?: operador ternario (o *Elvis operator*)

Podemos aplicar esta abreviatura de *if-else* para, por ejemplo, establecer valores:

```
<property name="weapon" value="#{player1.
isDwarf()?axe:sword}" />
```

Expresiones regulares

También podemos usar un operador llamado *match* y expresiones regulares con la sintaxis habitual en la mayoría de lenguajes:

```
<property name="isElvenName" value="#{player1.name
matches '[a-z]+as$' }" />
```

Colecciones

Y por último, si tenemos alguna *bean* que contenga una colección podemos acceder a esos elementos como si se tratara de un *array*, y lo mismo podríamos hacer si fuera un *Hash* o una estructura de ese tipo.

```
<property name="badBull" value="#{bulls[2]}">
```

1.3.5 Spring JDBC

Al trabajar con bases de datos utilizando JDBC, es común tener que escribir código repetitivo para manejar excepciones, abrir y cerrar la conexión con la base de datos, etc. Spring JDBC se ocupa de todos esos detalles por nosotros, con lo que nos ahorramos ese código *boilerplate* tan pesado que se requiere cuando se hace a mano.

Por tanto, lo que debemos hacer nosotros es definir los parámetros de la conexión y especificar la sentencia SQL a ejecutar. A continuación veremos un ejemplo de cómo se suele hacer esto en Spring.

Comenzaremos creando una base de datos *jdbc_test* con la siguiente tabla dentro de MySQL:

```
CREATE DATABASE jdbc_test;
use jdbc_test;
CREATE TABLE Client (
  ID INT NOT NULL AUTO_INCREMENT,
  NAME VARCHAR(20) NOT NULL,
  COUNTRY VARCHAR(15) NOT NULL,
  PHONE VARCHAR(9) NOT NULL,
  AGE INT NOT NULL,
  PRIMARY KEY(ID)
);
```

A continuación creamos un proyecto vacío en Eclipse.

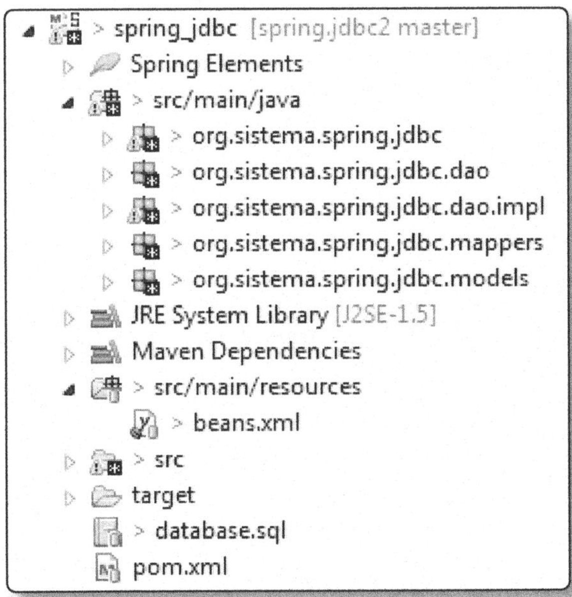

Figura 14.2. Estructura de un proyecto Spring

Ahora comenzaremos a añadir las dependencias. En principio, para este ejemplo necesitaremos incluir los módulos de *context*, *jdbc* y *transaction*. Añadimos también la referencia al conector de *mysql* al igual que en los proyectos realizados en la parte de Hibernate.

```
<project xmlns="http://maven.apache.org/POM/4.0.0"
xmlns:xsi="http://www.w3.org/2001/XMLSchema-instance"
  xsi:schemaLocation="http://maven.apache.org/POM/4.0.0
http://maven.apache.org/xsd/maven-4.0.0.xsd">
  <modelVersion>4.0.0</modelVersion>

  <groupId>org.sistema.spring</groupId>
  <artifactId>spring.jdbc</artifactId>
  <version>0.0.1-SNAPSHOT</version>
  <packaging>jar</packaging>

  <name>spring.jdbc</name>
  <url>http://maven.apache.org</url>

  <properties>
    <project.build.sourceEncoding>UTF-8</project.
build.sourceEncoding>
  </properties>

  <dependencies>
    <dependency>
      <groupId>org.springframework</groupId>
      <artifactId>spring-context</artifactId>
      <version>4.1.3.RELEASE</version>
    </dependency>
    <dependency>
      <groupId>org.springframework</groupId>
      <artifactId>spring-jdbc</artifactId>
      <version>4.1.3.RELEASE</version>
    </dependency>
    <dependency>
      <groupId>org.springframework</groupId>
      <artifactId>spring-tx</artifactId>
      <version>4.1.3.RELEASE</version>
    </dependency>
    <dependency>
      <groupId>mysql</groupId>
      <artifactId>mysql-connector-java</artifactId>
      <version>5.1.10</version>
    </dependency>
  </dependencies>
</project>
```

A continuación creamos la clase *Client* de nuestro modelo:

```
package org.sistema.spring.jdbc.models;
/**
 * Client representation
 *
 * @author Eugenia Pérez Martínez
 * @email eugenia_perez@cuatrovientos.org
 */
public class Client {

  private Integer id;
  private String name;
  private String country;
  private String phone;
  private Integer age;

  public void setPhone(String phone) {
    this.phone = phone;
  }

  public String getPhone() {
    return phone;
  }

  public void setName(String name) {
    this.name = name;
  }

  public String getName() {
    return name;
  }

  public void setId(Integer id) {
    this.id = id;
  }

  public Integer getId() {
    return id;
  }

  public String getCountry() {
    return country;
  }
```

```
    public void setCountry(String country) {
        this.country = country;
    }

    public Integer getAge() {
        return age;
    }

    public void setAge(Integer age) {
        this.age = age;
    }
}
```

Para la capa de persistencia utilizaremos el patrón DAO igual que en la parte de Hibernate. Una práctica habitual es definir una interfaz por cada DAO, ya que esto es requerido para poder utilizar inyección de dependencias.

```
package org.sistema.spring.jdbc.dao;

import java.util.List;

import javax.sql.DataSource;

import org.sistema.spring.jdbc.models.Client;
/**
 * DAO class for Client entity
 *
 * @author Eugenia Pérez Martínez
 * @email eugenia_perez@cuatrovientos.org
 */
public interface ClientDAO {
    /**
     * This is the method to be used to initialize
database resources ie.
     * connection.
     */
    public void setDataSource(DataSource ds);

    /**
     * This is the method to be used to create a record
in the Client table.
     */
    public void insert(String name, String country,
String phone, Integer age);
```

```
    /**
     * This is the method to be used to list down a
record from the Client
     * table corresponding to a passed client id.
     */
    public Client selectById(Integer id);

    /**
     * This is the method to be used to list down all the
records from the
     * Client table.
     */
    public List<Client> selectAll();

    /**
     * This is the method to be used to delete a record
from the Client table
     * corresponding to a passed client id.
     */
    public void delete(Integer id);

    /**
     * This is the method to be used to update a record
into the Client table.
     */
    public void update(Integer id, String name);
}
```

Ahora crearemos una clase que será la encargada de hacer el mapeo de cada tupla o registro que proviene de la base de datos a objetos de la clase *Client*. Este tipo de clases se suelen conocer como mapeadores.

```
package org.sistema.spring.jdbc.mappers;

import java.sql.ResultSet;
import java.sql.SQLException;

import org.springframework.jdbc.core.RowMapper;
import org.sistema.spring.jdbc.models.Client;
/**
 * Relational-object mapper for Client
 *
 * @author Eugenia Pérez Martínez
 * @email eugenia_perez@cuatrovientos.org
 */
```

```
public class ClientMapper implements RowMapper<Client>
{
  public Client mapRow(ResultSet rs, int rowNum) throws
SQLException {
     Client client = new Client();
     client.setId(rs.getInt("id"));
     client.setName(rs.getString("name"));
     client.setCountry(rs.getString("country"));
     client.setPhone(rs.getString("phone"));
     client.setAge(rs.getInt("age"));
     return client;
  }
}
```

Seguidamente veremos la implementación de la interfaz *ClientDAO* mediante JDBC. Esta manera de organizar los DAO facilitará en el futuro añadir una nueva implementación de este DAO mediante otro sistema de persistencia, como puede ser Hibernate:

```
package org.sistema.spring.jdbc.dao.impl;

import java.util.List;
import javax.sql.DataSource;
import org.sistema.spring.jdbc.dao.ClientDAO;
import org.sistema.spring.jdbc.mappers.ClientMapper;
import org.sistema.spring.jdbc.models.Client;
import org.springframework.jdbc.core.JdbcTemplate;

/**
 * JDBC Implementation of ClientDAO
 *
 * @author Eugenia Pérez Martínez
 * @email eugenia_perez@cuatrovientos.org
 */
public class JdbcClientDAO implements ClientDAO {
  private DataSource dataSource;
  private JdbcTemplate jdbcTemplateObject;

  public void setDataSource(DataSource dataSource) {
     this.dataSource = dataSource;
     this.jdbcTemplateObject = new JdbcTemplate(dataSource);
  }
```

```
   public void insert(String name, String country,
String phone, Integer age) {
      String SQL = "insert into Client (name, country,
phone, age) values (?, ?, ?, ?)";

      jdbcTemplateObject.update(SQL, name, country,
phone, age);
      System.out.println("Created Record Name: " + name
+ " Country: "
            + country + " Phone: " + phone + " Age: " +
age);
   }

   public Client selectById(Integer id) {
      String SQL = "select * from Client where id = ?";
      Client client = jdbcTemplateObject.
queryForObject(SQL,
            new Object[] { id }, new ClientMapper());
      return client;
   }

   public List<Client> selectAll() {
      String SQL = "select * from Client";
      List<Client> clients = jdbcTemplateObject.
query(SQL,
            new ClientMapper());
      return clients;
   }

   public void delete(Integer id) {
      String SQL = "delete from Client where id = ?";
      jdbcTemplateObject.update(SQL, id);
      System.out.println("Deleted Record with ID = " +
id);
   }

   public void update(Integer id, String name) {
      String SQL = "update Client set name = ? where id
= ?";
      jdbcTemplateObject.update(SQL, name, id);
      System.out.println("Updated Record with ID = " +
id);
   }
}
```

Por último, creamos una clase *Main* para probar todo el código anterior:

```
package org.sistema.spring.jdbc;

import java.util.List;

import org.sistema.spring.jdbc.dao.impl.JdbcClientDAO;
import org.sistema.spring.jdbc.models.Client;
import org.springframework.context.ApplicationContext;
import org.springframework.context.support.
ClassPathXmlApplicationContext;

/**
 * Main class.
 *
 * @author Eugenia Pérez Martínez
 * @email eugenia_perez@cuatrovientos.org
 */
public class Main {

  public static void main(String[] args) {
    ApplicationContext context = new
ClassPathXmlApplicationContext(
        "beans.xml");
    JdbcClientDAO clientDAO = (JdbcClientDAO) context
        .getBean("clientJDBCTemplate");

    System.out.println("Creating clients
.....................");
    clientDAO.insert("César", "Spain", "676123456", 32);
    clientDAO.insert("John", "UK", "098765433", 45);
    clientDAO.insert("Mauro", "Italy", "11223344", 15);
    clientDAO.insert("Eugenia", "Spain", "985123456", 30);
    System.out.println();

    selectAllClients(clientDAO);

    System.out.println("Updating Client with ID = 3
............");
    clientDAO.update(3, "Peter");
    System.out.println();

    System.out.println("Listing Client with ID = 3
.............");
    Client client = clientDAO.selectById(3);
```

```
        System.out.print("ID : " + client.getId());
        System.out.println(", Name : " + client.getName());
        System.out.println();

        System.out.println("Deleting Client with ID=1
...............");
        clientDAO.delete(1);
        selectAllClients(clientDAO);
    }

    private static void selectAllClients(JdbcClientDAO
clientDAO) {
        System.out.println("Listing clients
.......................");
        List<Client> clients = clientDAO.selectAll();
        for (Client record : clients) {
            System.out.print("ID : " + record.getId());
            System.out.print(", Name : " + record.
getName());
            System.out.print(", Country : " + record.
getCountry());
            System.out.print(", Phone : " + record.
getPhone());
            System.out.println(", Age : " + record.
getAge());
        }
        System.out.println();
    }
}
```

Antes de lanzar la aplicación, debemos crear el archivo mediante el cual indicamos los parámetros de configuración que Spring necesita. Este es el archivo *beans.xml*, que creamos en el directorio *src/main/resources*.

```
<?xml version="1.0"?>
<beans xmlns="http://www.springframework.org/schema/
beans"
    xmlns:xsi="http://www.w3.org/2001/XMLSchema-instance"
    xsi:schemaLocation="http://www.springframework.org/
schema/beans
   http://www.springframework.org/schema/beans/spring-
beans-3.0.xsd ">
    <!-- Initialization for data source -->
    <bean id="dataSource"
```

```
    class="org.springframework.jdbc.datasource.
DriverManagerDataSource">
    <property name="driverClassName" value="com.mysql.
jdbc.Driver" />
    <property name="url" value="jdbc:mysql://
localhost:3306/jdbc_test" />
    <property name="username" value="root" />
    <property name="password" value="" />
  </bean>

  <!-- Definition for clientJDBCTemplate bean -->
  <bean id="clientJDBCTemplate" class="org.sistema.
spring.jdbc.dao.impl.JdbcClientDAO">
    <property name="dataSource" ref="dataSource" />
  </bean>
</beans>
```

Como se puede ver, indicamos los parámetros de conexión a la base de datos, pero también creamos una instancia de la implementación del *ClientDAO* con JDBC. Esta luego es cargada desde la clase *Main* de la siguiente forma (en lugar de instanciándola con *new*):

```
JdbcClientDAO clientJDBCTemplate = (JdbcClientDAO)
context
        .getBean("clientJDBCTemplate");
```

El resultado final debe ser:

```
Creating clients .....................
Created Record Name: César Country: Spain Phone:
676123456 Age: 32
Created Record Name: John Country: UK Phone: 098765433
Age: 45
Created Record Name: Mauro Country: Italy Phone:
11223344 Age: 15
Created Record Name: Eugenia Country: Spain Phone:
985123456 Age: 30

Listing clients ......................
ID : 1, Name : César, Country : Spain, Phone :
676123456, Age : 32
ID : 2, Name : John, Country : UK, Phone : 098765433,
Age : 45
ID : 3, Name : Mauro, Country : Italy, Phone :
11223344, Age : 15
```

```
ID : 4, Name : Eugenia, Country : Spain, Phone :
985123456, Age : 30

Updating Client with ID = 3 ...........
Updated Record with ID = 3

Listing Client with ID = 3 .............
ID : 3, Name : Peter

Deleting Client with ID=1 ...............
Deleted Record with ID = 1

Listing clients .......................
ID : 2, Name : John, Country : UK, Phone : 098765433,
Age : 45
ID : 3, Name : Peter, Country : Italy, Phone :
11223344, Age : 15
ID : 4, Name : Eugenia, Country : Spain, Phone :
985123456, Age : 30
```

2

CONCEPTOS AVANZADOS DE SPRING

2.1 PROGRAMACIÓN ORIENTADA A ASPECTOS

En muchas ocasiones nos encontramos con cierto código repetitivo a lo largo de un proyecto y que además es transversal a las distintas funcionalidades del mismo. Por ejemplo, es frecuente que en muchos apartados de una aplicación se saquen *logs* por pantalla o por otros medios (ficheros, servicios remotos...) cada vez que sucede algo relevante, o cuando ocurre un error o en cualquier momento en que se quiera controlar de forma específica. También es frecuente por ejemplo, que para llevar a cabo determinadas operaciones tengamos que comprobar por ejemplo permisos de acceso a la operación en sí, al acceso a datos, etc.

Esto lleva a que los proyectos se llenen completamente de este tipo de código repetitivo, a cuya funcionalidad, por otro lado, no se puede renunciar. La programación orientada a aspectos es una metodología que nos permite encargarnos de ese código transversal y repetitivo y separarlo completamente del código principal, con lo que conseguiremos lo siguiente:

- Una vez más desacoplar las clases.
- Simplificar los métodos.
- Hacer que cada una se encargue únicamente de lo suyo.
- Agregar nueva funcionalidad sin tocar las clases ya existentes.

Para ver cómo hace esto Spring vamos a ver este ejemplo en el que se simula una carrera de coches. Este sencillo proyecto consta de clases que representan coches, un circuito y una carrera en la que corren los coches. Los coches se van moviendo llamando a un método que retorna la distancia que recorren en función de sus características y cierta variación aleatoria.

Lo que vamos a hacer es que en determinados momentos, al llamar a métodos y al retornar de los mismos haremos que de forma automática se llame a una serie de métodos para que saquen *logs* por consola.

El circuito tiene poca cosa, un nombre y una distancia a recorrer. Aparte de eso tiene un método que va generando dificultades cada vez que el coche se mueve.

```
package org.sistema.spring.aspects.models;

import java.util.Random;

/**
 * Represents a circuit.
 *
 * @author Eugenia Pérez Martínez
 * @email eugenia_perez@cuatrovientos.org
 */
public class Circuit {

   private String name;
   private int distance;

   /**
    * Creates a circuit.
    *
    * @param name
    * @param distance
    */
   public Circuit(String name, int distance) {
      this.name = name;
      this.distance = distance;

   }

   /**
    * returns random difficulty for karts
    *
    * @return
    */
   public int difficulty() {

      Random random = new Random();
```

```
        // just in 33% of the cases
        if (random.nextInt(3) == 0) {
            return random.nextInt(4);
        } else {
            return 0;
        }
    }

    public String getName() {
        return name;
    }

    public void setName(String name) {
        this.name = name;
    }

    public int getDistance() {
        return distance;
    }

    public void setDistance(int distance) {
        this.distance = distance;
    }

    @Override
    public String toString() {
        return "Circuit [name=" + name + ", distance=" +
distance + "]";
    }

}
```

Esta sería la clase que representa un *Kart*, muy sencilla. Tiene un par de métodos, uno para moverse y otro para maniobrar, que se usa para dar ciertos puntos que se contrarrestan con las dificultades que presenta el circuito.

```
package org.sistema.spring.aspects.models;

import java.util.Random;

/**
 * Represents a Kart.
 *
 * @author Eugenia Pérez Martínez
```

```
 * @email eugenia_perez@cuatrovientos.org
 */
public class Kart {

   private String name;
   private int speed;
   private int acceleration;
   private int grip;
   private int position;

   public Kart() {
      init();
   }

   /**
    *
    * inicializar
    *
    * inicializa las variables de velocidad, aceleración
y agarre con valores
    * aleatorios
    */
   private void init() {
      Random aleatorio = new Random();
      this.position = 0;
      this.speed = aleatorio.nextInt(18);
      this.acceleration = aleatorio.nextInt(18 - this.
speed);
      this.grip = aleatorio.nextInt(18 - this.speed -
this.acceleration);
   }

   /**
    *
    * mover
    *
    * devuelve el número de posiciones que se mueve el
coche
    *
    * @return
    */
   public int move() {
      int result;
      Random random = new Random();
      result = this.speed + this.acceleration + random.
```

```
nextInt(6);
        return result;
    }

    /**
     * maniobrar es la suma de agarre y un valor
aleatorio
     *
     * @return
     */
    public int handle() {
        int result;
        Random random = new Random();
        result = this.grip + random.nextInt(6);
        return result;
    }

    /** getters/setters & toString **/

    public String getName() {
        return name;
    }

    public void setName(String name) {
        this.name = name;
    }

    public int getSpeed() {
        return speed;
    }

    public void setSpeed(int speed) {
        this.speed = speed;
    }

    public int getAcceleration() {
        return acceleration;
    }

    public void setAcceleration(int acceleration) {
        this.acceleration = acceleration;
    }

    public int getGrip() {
        return grip;
    }
```

```
   public void setGrip(int grip) {
      this.grip = grip;
   }

   public int getPosition() {
      return position;
   }

   public void setPosition(int position) {
      this.position = position;
   }

   @Override
   public String toString() {
      return "Kart [name=" + name + ", speed=" + speed +
", acceleration="
            + acceleration + ", grip=" + grip + ",
position=" + position
            + "]";
   }

}
```

Esta es la clase que tiene un circuito, un conjunto de coches y los hace moverse por turnos. Conforme se mueven actualiza la posición de los *Karts* y va comprobando quiénes acaban. Una vez han acabado todos (aquí nadie abandona), muestra los resultados de la carrera.

```
package org.sistema.spring.aspects.models;

import java.util.Vector;

/**
 * Represents a Race.
 *
 * @author Eugenia Pérez Martínez
 * @email eugenia_perez@cuatrovientos.org
 */
public class Race {
  private String name;
  private Circuit circuit;
  private Vector<Kart> karts = new Vector<Kart>();
  private Vector<Kart> finished = new Vector<Kart>();
```

```
/**
 * default constructor
 */
public Race() {
}

/**
 * makes the karts run
 */
public void run() {
   do {
      for (int i = 0; i < karts.size(); i++) {
         moveKart(karts.elementAt(i));
         if (isFinished(karts.elementAt(i))) {
            moveToFinished(karts.elementAt(i));
         }
      }
   } while (notAllFinished());
}

/**
 * shows race result
 *
 * @return
 */
public String showResult() {
   String result = "Race: " + this.getName() + "\n";

   result += "Circuit: " + circuit.toString() + "\n";
   for (int i = 0; i < finished.size(); i++) {
      result += (i + 1) + ".-" +
            finished.elementAt(i).toString() + "\n";
   }
   return result;
}

/**
  * calculates kart movement moves the car and then
substracts circuit
  * difficulty and kart handle points
  *
  * @param kart
  */
private void moveKart(Kart kart) {
   int movedPositions = 0;
```

```
      movedPositions = kart.move() - (circuit.
difficulty() - kart.handle());
      kart.setPosition(kart.getPosition() + movedPositions);
   }

   /**
    * moves kart from racing vector to finished vector
    *
    * @param kart
    */
   private void moveToFinished(Kart kart) {
      finished.add(kart);
      karts.removeElement(kart);
   }

   /**
    * checks if kart has run all the distance
    *
    * @param kart
    * @return
    */
   private boolean isFinished(Kart kart) {
      return kart.getPosition() >= circuit.getDistance();
   }

   /**
    * checks if everyone has finished the race
    *
    * @return
    */
   private boolean notAllFinished() {
      return karts.size() > 0;
   }

   /*
    * (non-Javadoc)
    *
    * @see java.lang.Object#toString()
    */
   @Override
   public String toString() {
      return "Race [name=" + name + ", circuit=" +
circuit + ",  karts="
            + karts + "]";
   }
```

```
    public String getName() {
        return name;
    }

    public void setName(String name) {
        this.name = name;
    }

    public Circuit getCircuit() {
        return circuit;
    }

    public void setCircuit(Circuit circuit) {
        this.circuit = circuit;
    }

    public Vector<Kart> getKarts() {
        return karts;
    }

    public void setKarts(Vector<Kart> karts) {
        this.karts = karts;
    }

    public Vector<Kart> getFinished() {
        return finished;
    }

    public void setFinished(Vector<Kart> finished) {
        this.finished = finished;
    }

}
```

La clase principal instancia la carrera mediante Spring y la pone en marcha. Luego muestra el resultado.

```
package org.sistema.spring.aspects;

import org.sistema.spring.aspects.models.Race;
import org.springframework.context.ApplicationContext;
import org.springframework.context.support.
ClassPathXmlApplicationContext;
/**
 * Main class.
```

```
 *
 * @author Eugenia Pérez Martínez
 * @email eugenia_perez@cuatrovientos.org
 */
public class Main {

  public static void main(String[] args) {
    ApplicationContext context = new
ClassPathXmlApplicationContext(
        "beans.xml");

    Race race = (Race) context.getBean("race");
    System.out.println(race.toString());
    race.run();
    System.out.println(race.showResult());
  }

}
```

Tal y como se podía apreciar antes en el ejemplo de JDBC, Spring necesita un archivo de configuración para arrancar el *ApplicationContext*. Es el archivo que hemos llamado *beans.xml* y que intentamos cargar desde el *main*. Así pues, creamos el siguiente archivo *beans.xml* en *src/main/resources*:

```
<?xml version="1.0" encoding="UTF-8"?>
<beans xmlns="http://www.springframework.org/schema/
beans"
  xmlns:xsi="http://www.w3.org/2001/XMLSchema-instance"
xmlns:aop="http://www.springframework.org/schema/aop"
  xmlns:p="http://www.springframework.org/schema/p"
  xsi:schemaLocation="http://www.springframework.org/
schema/beans
http://www.springframework.org/schema/beans/spring-
beans-3.2.xsd
http://www.springframework.org/schema/aop
http://www.springframework.org/schema/aop/spring-aop-
3.2.xsd">

  <!-- 4 Karts for the Race -->
  <!-- Random values are assigned using SpEL -->
  <bean id="kart1" class="org.sistema.spring.aspects.
models.Kart"
    p:name="SringKart_1" p:speed="6"
p:acceleration="6" p:grip="6" />
```

```
  <bean id="kart2" class="org.sistema.spring.aspects.
models.Kart"
     p:name="SringKart_2" p:speed="7"
p:acceleration="5" p:grip="6" />
  <bean id="kart3" class="org.sistema.spring.aspects.
models.Kart"
     p:name="SringKart_3" p:speed="5"
p:acceleration="6" p:grip="7" />
  <bean id="kart4" class="org.sistema.spring.aspects.
models.Kart"
     p:name="SringKart_4" p:speed="8"
p:acceleration="5" p:grip="5" />
  <!-- The circuit -->
  <bean id="circuit" class="org.sistema.spring.aspects.
models.Circuit">
     <constructor-arg name="name" value="Monza" />
     <constructor-arg name="distance"
       value="#{new java.util.Random().nextInt(100) +
100}" />
  </bean>

  <!-- The race -->
  <bean id="race" class="org.sistema.spring.aspects.
models.Race">
     <!-- We inject the bulls using setBulls() -->
     <property name="name" value="GP Spring" />
     <property name="karts">
       <list>
          <ref bean="kart1" />
          <ref bean="kart2" />
          <ref bean="kart3" />
          <ref bean="kart4" />
       </list>
     </property>
     <property name="circuit" ref="circuit" />
  </bean>
  <bean id="monitoringKart" class="org.sistema.spring.
aspects.monitors.MonitoringKart" />
  <bean id="monitoringCircuit" class="org.sistema.
spring.aspects.monitors.MonitoringCircuit" />
  <aop:aspectj-autoproxy>
     <aop:include name="monitoringKart" />
     <aop:include name="monitoringCircuit" />
  </aop:aspectj-autoproxy>
</beans>
```

En este archivo crea todos los objetos necesarios para ejecutar la aplicación, inicializándolos con distintos valores para sus atributos. Así, crea:

- 4 objetos de la clase *Kart* (utilizando sintaxis SpEL).
- 1 objeto de la clase *Circuit*. A este objeto le da valores a sus atributos a través del constructor de la clase *Circuit* en lugar de a través de sus *getters/setters*.
- 1 instancia de la clase *Race*. A esta instancia le inyectamos las instancias de *karts* y *circuit* que hemos generado previamente.
- 2 instancias de clases de monitorización: *MonitoringKart* y *MonitoringCircuit*.

Si tratamos de ejecutar la aplicación ahora, nos dará un error ya que aún no hemos creado estas dos últimas clases, que son precisamente las que aplican los aspectos. Tienen la siguiente forma:

```
package org.sistema.spring.aspects.monitors;

import org.aspectj.lang.JoinPoint;
import org.aspectj.lang.annotation.AfterReturning;
import org.aspectj.lang.annotation.Aspect;
import org.aspectj.lang.annotation.Before;
import org.sistema.spring.aspects.models.Kart;

/**
 * A class for Kart monitoring applying aspects.
 *
 * @author Eugenia Pérez Martínez
 * @email eugenia_perez@cuatrovientos.org
 */
@Aspect
public class MonitoringKart {

   /**
    * called when Kart.move() method is called
    */
   @Before("execution(* org.sistema.spring.aspects.
models.Kart.move(..))")
   public void movingKart() {
      System.out.println("Kart moving");
   }
```

```
    /**
     * called when Kart.move() method is called
     *
     * @param joinPoint
     */
    // If we put this Spring will call this and the other
    @Before("execution(* org.sistema.spring.aspects.
models.Kart.move(..))")
    public void movingKart(JoinPoint joinPoint) {
        String methodName = joinPoint.getSignature().
toShortString();
        System.out.println(methodName + " Kart Moving with
join Point");
    }

    /**
     * called after Kart.move() method call returns value
we get the returning
     * value through returning param
     *
     * @param joinPoint
     * @param distance
     */
    @AfterReturning(value = "execution(* org.sistema.
spring.aspects.models.Kart.move(..))", returning =
"distance")
    public void movingKart(JoinPoint joinPoint, int
distance) {
        // join.Point.getThis : the caller object
        System.out.println(joinPoint.getThis().toString()
+ " Kart Moved: "
                + distance);
    }

    /**
     * called after Kart.move() method call returns value
we get the returning
     * value through returning param
     *
     * @param joinPoint
     * @param distance
     */
    @AfterReturning(value = "execution(* org.sistema.
spring.aspects.models.Kart.handle(..))", returning =
"handlePoints")
```

```
   public void handleKart(JoinPoint joinPoint, int
handlePoints) {
      Kart callingKart = (Kart) joinPoint.getThis();
      // join.Point.getThis : the caller object
      System.out.println(callingKart.getName() + " Kart
handle: "
            + handlePoints);
   }
}
```

Y *MonitoringCircuit*:

```
package org.sistema.spring.aspects.monitors;

import org.aspectj.lang.JoinPoint;
import org.aspectj.lang.annotation.AfterReturning;
import org.aspectj.lang.annotation.Aspect;

/**
 * A class for Circuit monitoring applying aspects..
 *
 * @author Eugenia Pérez Martínez
 * @email eugenia_perez@cuatrovientos.org
 */
@Aspect
public class MonitoringCircuit {

   /**
    * called after Circuit.difficulty method call returns
value we get the
    * returning value through returning param
    *
    * @param joinPoint
    * @param difficulty
    */
   @AfterReturning(value = "execution(* org.sistema.
spring.aspects.models.Circuit.difficulty(..))",
returning = "difficultyValue")
   public void movingKart(JoinPoint joinPoint, int
difficultyValue) {
      // join.Point.getThis : the caller object
      System.out.println(joinPoint.getThis().toString()
            + " Circuit difficulty: " + difficultyValue);
   }
}
```

Estos monitores tienen métodos que siempre utilizan el mismo patrón. Podríamos decir que se asemejan a los *triggers* de bases de datos o a los eventos de Hibernate. Simplemente definimos acciones que queremos realizar cuando se llame a un determinado método de una clase determinada. En este ejemplo simplemente imprimimos *log* por consola.

Si ejecutamos ahora la aplicación, en la salida por consola vemos algo así:

```
Race [name=GP Spring, circuit=Circuit [name=Monza,
distance=167],karts=[Kart [name=SringKart_1,
speed=6, acceleration=6, grip=6, position=0],
Kart [name=SringKart_2, speed=7, acceleration=5,
grip=6, position=0], Kart [name=SringKart_3,
speed=5, acceleration=6, grip=7, position=0], Kart
[name=SringKart_4, speed=8, acceleration=5, grip=5,
position=0]]]
Kart.move() Kart Moving with join Point
Kart moving
Kart [name=SringKart_1, speed=6, acceleration=6,
grip=6, position=0] Kart  Moved: 13
Circuit [name=Monza, distance=167] Circuit difficulty: 3
SringKart_1 Kart handle: 9
Kart.move() Kart Moving with join Point
Kart moving
Kart moving
...
```

Como se puede apreciar, estamos haciendo que se muestren *logs* de los eventos de los detalles de la carrera sin necesidad de llenar las clases *Kart* y *Circuit* de código para generar notificaciones. Esta funcionalidad la conseguimos mediante las clases de monitorización a las que se llama de forma automática mediante el mecanismo de aspectos.

En este ejemplo se han presentado los aspectos de forma muy simple pero conviene presentar una serie de conceptos y términos clave:

- ***Joint point***: punto de ejecución de código. Es decir, un momento de la ejecución de código donde podemos aplicar un aspecto. Puede ser cuando se llama a un método, cuando se retorna, cuando se lanza una excepción, etc.

- ***Pointcut***: expresión que permite seleccionar uno o más *joint points*.

- ***Advice*:** código que queremos que se ejecute en el *pointcut*, es decir, el código que va a ejecutar el aspecto.

- ***Aspect*:** una clase Java que precisamente une *pointcuts* y *advices*. La de nuestro ejemplo anterior está marcada como *@Aspect*.

Tipos de advice

En Spring podemos aplicar cinco tipos distintos de *advice*:

1. *Before*: el código del *advice* se aplica antes de que se invoque un método.
2. *After*: el código del *advice* se aplica después de que se invoque un método, sea cual sea el resultado.
3. *AfterReturning*: el código del *advice* se aplica después de que se retorne de un método con éxito.
4. *AfterThrowing*: el código del *advice* se aplica después de que el método lance una excepción.
5. *Around*: se añade funcionalidad que se ejecuta antes y después de la ejecución del propio método.

AfterThrowing

Este *advice* se aplica en el caso de que se hayan lanzado excepciones. Es una buena manera de poder ejecutar código para común en caso de excepciones sin meter un *catch* en los métodos.

```
package test;

@AfterThrowing(value="execution(* org.sistema.Config.rea
d(..))",throwing="ioException")
public void logIoException (JoinPoint joinPoint,
    IOException ioException) {
  String methodName = joinPoint.getSignature().
toShortString();
  Object fileName = joinPoint.getArgs()[0];
  System.out.println("Error reading file: " + fileName );
}
```

Around

El *advice* de tipo *around* es muy interesante ya que nos permite aplicar código antes y después de que se ejecute el método al que le aplicamos el aspecto. Básicamente lo que hacemos es algo así:

```
@Around(value="execution(* org.sistema.spring.aspects.
models.Kart.move(..))")
public void movingKart(JoinPoint joinPoint) {
   // code executed before adviced method
   System.out.println("Before we move the kart ");
   // ..
   // Now we execute the method
   jointPoint.proceed();
   // code executed after adviced method
   System.out.println("After we move the kart ");
   // ..
}
```

Ejemplos de joint points

La sintaxis de los *joint points* es más o menos intuitiva y flexible para poder aplicar aspectos a distintas situaciones: por método, por tipos de parámetro, por paquete, etc.

Estos serían algunos empleos útiles:

`execution(* hello(*))`
Nombre de método *hello*, cualquier parámetro y retorno.

`execution(* hello(..))`
Nombre de método *hello*, sin parámetros.

`execution(void hello*(String))`
Nombre comienza por *hello*, parámetro String, retorno vacío.

`execution(void org.cuatrovientos.proyecto.Clase.*(..))`
Cualquier método de la clase *Clase* sin parámetros.

2.2 CONFIGURACIÓN DE LOGS: SPRING LOG4J

Los proyectos de software precisan de un sistema de gestión de *logs* (registros o notificaciones) para poder registrar los eventos, errores o cualquier actividad que gira en torno al programa. Hoy en día no es necesario programar esto a mano ya que existen muchos *frameworks* de *logging* libres y totalmente configurables.

Uno de los *frameworks* de *logging* más extendido es Log4j, que es uno de tantos proyectos de código abierto desarrollado en Java por la fundación Apache. Log4j es altamente configurable y ofrece muchas opciones para poder elegir el mecanismo de salida (consola, fichero), formato de la salida, nivel de los mensajes, entre muchas otras cosas. Todo esto puede establecerse en un fichero de configuración, generalmente *log4j.properties*, aunque también se puede alterar la configuración en tiempo de ejecución. Tal es el éxito y la popularidad de este *framework* que ha sido portado para otros lenguajes como C#, C, C++, http://es.wikipedia.org/wiki/C_SharpPython, Perl y Ruby.

La granularidad de los mensajes puede controlarse a través de varios niveles de prioridad que tienen los mensajes, 6 en total: *trace*, *debug*, *info*, *warn*, *error* y *fatal*, más otros dos que habilitan y deshabilitan completamente todo. Estos son los niveles, de menor a mayor gravedad:

- *TRACE*: se utiliza para mostrar mensajes con un mayor nivel de detalle que *debug*.
- *DEBUG*: utilizado normalmente para mensajes de depuración. Se utiliza en entornos de desarrollo para poder depurar errores.
- *INFO*: utilizado cuando queremos sacar mensajes en un modo en el que nos informe mucho, lo que en comandos suele ser *-v* (*verbose*).
- *WARN*: utilizado para mensajes de advertencia que sin ser errores puede ser importante notificarlos.
- *ERROR*: utilizado cuando algo ha ido mal en el programa. No tiene que significar que el programa se detenga ya que puede tratarse de errores previstos que se corrigen con valores por defecto o con el propio código.
- *FATAL*: utilizado para notificar un error crítico justo antes de que el programa se tenga que detener. Por ejemplo, una aplicación de gestión que no sea capaz de conectar con la base de datos.
- *OFF*: este nivel deshabilita todos los *logs*.
- *ALL*: equivalente a *TRACE*, habilita todos los *logs*.

Veamos un ejemplo de configuración en una aplicación Java. Crearemos una sencilla aplicación que emita saludos por pantalla.

```
package org.sistema.spring.log4j.models;

/**
 * Simple greet class
 * @author Eugenia Pérez Martínez
 * @email eugenia_perez@cuatrovientos.org
 */
public class Greet {
  private String greeting;

  /**
   * default constructor
   */
  public Greet() {
  }

  /**
   * @param greeting
   */
  public Greet(String greeting) {
    this.greeting = greeting;
  }

  /**
   * @return the greeting
   */
  public String getGreeting() {
    return greeting;
  }

  /**
   * @param greeting the greeting to set
   */
  public void setGreeting(String greeting) {
    this.greeting = greeting;
  }

}
```

Esta clase es usada por esta otra:

```
package org.sistema.spring.log4j.models;

/**
 * A simple class that return greetings at will
 *
* @author Eugenia Pérez Martínez
 * @email eugenia_perez@cuatrovientos.org
 */
public class GreetingEngine {
  private Greet greet;
  private int times;

   /**
    * default constructor
    */
  public GreetingEngine() {

   }

   /**
    * Constructor with greet
    * @param greet
    */
  public GreetingEngine(Greet greet) {
     this.greet = greet;
   }

   /**
    * repeats greet text depending on times value
    * @return
    */
  public String greetMe() {
     String greetResult = "";

     for (int i = 0; i < times; i++) {
        greetResult += greet.getGreeting();
     }

     return greetResult;
   }

   /**
    * @return the greet
```

```
     */
    public Greet getGreet() {
      return greet;
    }

    /**
     * @param greet the greet to set
     */
    public void setGreet(Greet greet) {
      this.greet = greet;
    }

    /**
     * @return the times
     */
    public int getTimes() {
      return times;
    }

    /**
     * @param times the times to set
     */
    public void setTimes(int times) {
      this.times = times;
    }

}
```

Y la clase *Main* que inicia la aplicación es:

```
package org.sistema.spring.log4j;

import org.apache.log4j.Level;
import org.apache.log4j.Logger;
import org.sistema.spring.log4j.models.GreetingEngine;
import org.springframework.context.ApplicationContext;
import org.springframework.context.support.
ClassPathXmlApplicationContext;

/**
 * Main program, starting point of our project
* @author Eugenia Pérez Martínez
 * @email eugenia_perez@cuatrovientos.org
 */
public class Main {
```

```
    /**
     * @param args
     */
    public static void main(String[] args) {
        ApplicationContext context = new
ClassPathXmlApplicationContext(
                "beans.xml");

        GreetingEngine greetingEngine = (GreetingEngine)
context
                .getBean("greetingEngine");
        Logger logger = Logger.getLogger(Main.class);

        // log4j error levels DEBUG < INFO < WARN < ERROR
< FATAL
        // By default it will show INFO, ERROR, FATAL
        // We could change programmatically...
        logger.setLevel(Level.ALL);

        logger.info("Info message");
        logger.trace("Simple trace");
        logger.debug("Debug message. ");
        logger.error("Error message");
        logger.fatal("Fatal error");

        System.out.println(greetingEngine.greetMe());
    }

}
```

El fichero XML de Spring sería este:

```
<?xml version="1.0" encoding="UTF-8"?>
<beans xmlns="http://www.springframework.org/schema/
beans"
    xmlns:xsi="http://www.w3.org/2001/XMLSchema-instance"
    xsi:schemaLocation="http://www.springframework.org/
schema/beans http://www.springframework.org/schema/
beans/spring-beans.xsd">

    <bean id="hawaianGreet" class="org.sistema.spring.
log4j.models.Greet">
        <property name="greeting" value="Aloha" />
    </bean>
```

```
    <bean id="greetingEngine" class="org.sistema.spring.
log4j.models.GreetingEngine">
        <property name="greet" ref="hawaianGreet" />
        <property name="times" value="10" />
    </bean>
</beans>
```

Solo con esto todavía no estaríamos listos para generar el *log*. De hecho, si ejecutamos la aplicación el *log* no aparece por ningún lado. Esto es porque falta por añadir el fichero de configuración de *log4j*. Lo creamos en *src/main/resources*.

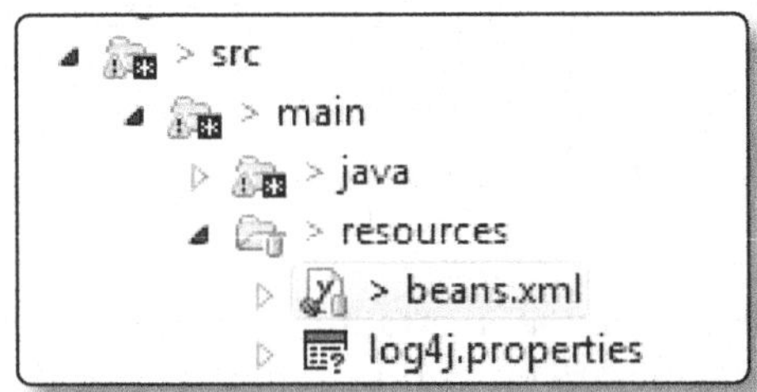

Figura 14.6. Incluyendo el fichero de configuración de logs: log4j

Este fichero tendrá el siguiente contenido para este ejemplo:

```
# Root logger option

# Set log level to INFO, and add to appenders
log4j.rootLogger=INFO, file, stdout

# Log messages to a file
log4j.appender.file=org.apache.log4j.RollingFileAppender
log4j.appender.file.File=logFile.log
log4j.appender.file.MaxFileSize=2MB
log4j.appender.file.MaxBackupIndex=1
log4j.appender.file.layout=org.apache.log4j.
PatternLayout
log4j.appender.file.layout.ConversionPattern=%d{yyyy-MM-
dd HH:mm:ss} %-5p %c{1}:%L - %m%n
# Also log messages to standard output
log4j.appender.stdout=org.apache.log4j.ConsoleAppender
log4j.appender.stdout.Target=System.out
log4j.appender.stdout.layout=org.apache.log4j.
PatternLayout
log4j.appender.stdout.layout.ConversionPattern=%d{yyyy-
MM-dd HH:mm:ss} %-5p %c{1}:%L - %m%n
```

En este fichero podemos ver lo siguiente:

- Se fija el nivel de *log* en *INFO*. Por tanto, solo se *loguearán* o registrarán los mensajes de ese nivel y superiores.
- Se especifica que se volcará el *log* en dos medios: *file* y *stdout*.
- Se crea un *appender* para *file* que consistirá en un fichero incremental en el que se irán añadiendo los *logs* generados en las distintas ejecuciones hasta que el fichero alcance un tamaño máximo de 2 MB. En ese momento se creará un nuevo fichero. También se configura el formato de los mensajes *logueados*.
- Se crea un segundo *appender* consistente en la consola de ejecución.

Si ejecutamos la aplicación, por tanto, debemos ver los *logs* en consola y en un nuevo fichero que se generará en la raíz del proyecto. En ambos sitios debemos ver algo similar a lo siguiente:

```
2015-01-01 11:07:06 INFO
ClassPathXmlApplicationContext:510 - Refreshing org.
springframework.context.support.ClassPathXmlApplication
Context@1301e56: startup date [Thu Jan 01 11:07:06 CET
2015]; root of context hierarchy
2015-01-01 11:07:06 INFO XmlBeanDefinitionReader:317 -
Loading XML bean definitions from class path resource
[beans.xml]
2015-01-01 11:07:07 INFO Main:32 - Info message
2015-01-01 11:07:07 TRACE Main:33 - Simple trace
2015-01-01 11:07:07 DEBUG Main:34 - Debug message.
2015-01-01 11:07:07 ERROR Main:35 - Error message
2015-01-01 11:07:07 FATAL Main:36 - Fatal error
```

Se puede obtener más información sobre el producto y su configuración en el siguiente enlace:

http://logging.apache.org/log4j/2.x/

3

EL PATRÓN MVC

3.1 COMPONENTES DEL PATRÓN MVC

En inglés *framework* se puede traducir como estructura. En el sentido que nos ocupa un *framework* sería un marco de trabajo. MVC son las siglas del Modelo-Vista-Controlador, un paradigma de programación de aplicaciones que separa en tres niveles el trabajo:

- **El modelo**. Especifica la forma de manipular los datos por parte de la aplicación. Es decir, especifica cómo son los datos (qué tipo tienen) y la forma de manipularlos. Este modelado de datos enlaza con la lógica de negocio, es decir, con la forma en la que los datos se almacenan en la capa de negocio (en la base de datos, en definitiva).

- **La vista**. Hace referencia al aspecto visual de la aplicación de cara al usuario, especifica la forma de interaccionar que tendrá la aplicación con el usuario.

- **El controlador**. Es la parte que controla las acciones del usuario y las comunica a los dos niveles anteriores.

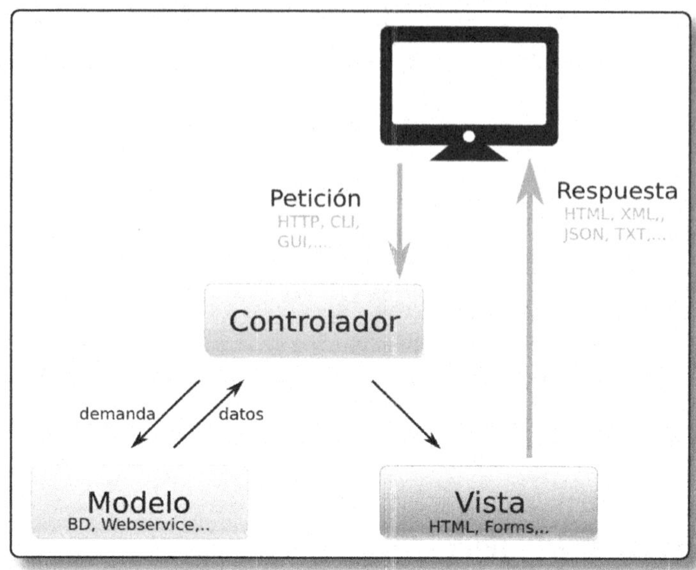

Figura 14.1. Esquema del patrón mvc

MVC es, en definitiva, un modelo de trabajo que facilita la creación de aplicaciones web complejas. Hoy en día esta separación en tres capas de las aplicaciones se realiza con marcos o plantillas de trabajo (más conocidas como *frameworks* por su uso en inglés) que facilitan la creación de aplicaciones MVC generando casi sin esfuerzo el núcleo de las aplicaciones. Algunas de las más populares son:

- *Ruby on Rails*. Se trata de un marco de trabajo muy exitoso por la facilidad que tiene de programar y optimizado para la creación de aplicaciones Web. Se puede ejecutar en casi cualquier servidor web, basta con instalar el componente correspondiente.
- *Apache Struts*. Uno de los primeros *frameworks* MVC que existieron para la plataforma J2EE.
- *Spring*. El *framework* MVC para J2EE más utilizado.
- *Django*. Escrito en *Python* y pensado para utilizar en ese lenguaje que facilita la creación de aplicaciones web.
- *Symfony*. *Framework* escrito para PHP. Uno de los más populares para este lenguaje.
- *Zend*. Otro *framework* escrito para PHP.
- *ASP.NET MVC*. La versión para la plataforma de desarrollo de Microsoft.

3.2 ESCENARIOS DE APLICACIÓN Y BENEFICIOS

Originariamente el patrón arquitectónico MVC se desarrolló fundamentalmente para aplicaciones de escritorio, no obstante conforme el desarrollo de aplicaciones web ha ido proliferando, ha sido ampliamente acogido y adaptado como una arquitectura para el diseño e implementación de dichas aplicaciones en prácticamente la mayor parte de los lenguajes de programación actuales.

En los *frameworks* MVC iniciales y en muchos de los mayoritariamente utilizados hoy en día, la complejidad y el peso de las funciones recae en el servidor, que se encarga de la comunicación y coordinación entre el modelo, el controlador y la vista. El cliente constituye un componente ligero, encargado de enviar una petición o un conjunto de información de formulario al controlador, para después recibir y presentar la página actualizada en la vista. Conforme las tecnologías web han ido madurando, han surgido nuevos *frameworks* como AngularJS, Backbone o jQuery (es más bien una librería en lugar de un *framework*) con otros enfoques que permiten que ciertos componentes MVC se ejecuten parcial o totalmente en el cliente.

Quizás algún lector podría hacerse la pregunta de por qué debemos utilizar MVC. La respuesta es tajante: es un patrón de diseño de software probado y se sabe que funciona. Con MVC la aplicación se puede desarrollar rápidamente, de forma modular y fácil de mantener. Separar las funciones de la aplicación en modelos, vistas y controladores hace que la aplicación sea muy ligera. El diseño modular permite a los diseñadores y a los desarrolladores trabajar conjuntamente, así como realizar rápidamente los prototipos. Esta separación también permite hacer cambios en una parte de la aplicación sin que las demás se vean afectadas.

4

FRAMEWORKS DE DESARROLLO MVC

4.1 COMPARATIVA DE VARIOS FRAMEWORKS MVC POPULARES

Hoy en día existen multitud de *frameworks* MVC para la gran mayoría de plataformas y lenguajes de programación en el mercado. Java obviamente no es ajeno a esto, y cuenta con un buen número de alternativas. Se presentan a continuación algunos de los más conocidos.

4.1.1 Struts 2

Struts fue un pionero en el desarrollo de aplicaciones web para la plataforma Java EE (*Java Enterprise Edition*), siendo además un *framework* que utiliza el patrón MVC. Siempre bajo el ala de la fundación Apache, primeramente se desarrolló dentro del proyecto Jakarta y actualmente se le conoce como proyecto con nombre propio: Apache Struts.

Como suelen hacer los buenos *frameworks*, Struts mejora el tiempo de desarrollo y ofrece un marco de trabajo que orienta hacia un proyecto consistente aplicando buenas prácticas. Pero además Struts es un *framework* compatible con Java EE con licencia *open source* por lo que se ha popularizado enormemente.

Struts tiene dos versiones principales:

- Struts 1: la primera dejó de estar soportada en 2013 después de más de una década y aunque sigue habiendo proyectos que la usan ahora se utiliza la versión 2.
- Struts 2: una versión que supuso cambios profundos en el *framework*.

Struts 2 es el resultado de la adopción principalmente del *framework* WebWork entre otros proyectos. Además de muchos cambios en el código de acciones, la configuración introdujo mejoras como la integración con Ajax.

4.1.2 JSF

Java Server Faces (JSF) es una tecnología y *framework* para aplicaciones Java basadas en web que trata de facilitar el desarrollo de aplicaciones J2EE. JSF usa *Java Server Pages* (JSP) como medio para crear las páginas web, aunque su flexibilidad le permite ajustarse a otras tecnologías como XUL (*XML-based User-interface Language*), es decir, una interfaz de usuario basada en lenguaje XML.

JSF no es simplemente una forma de crear una interfaz para el usuario ya que:

- Va mucho más allá: además de mostrar los elementos de la interfaz de usuario es capaz de gestionar su estado, dar soporte a accesibilidad, validar entradas, soportar eventos e incluso internacionalización.
- Además ofrece un amplio conjunto de componentes para la interfaz de usuario.
- Se dispone de *taglibs* o bibliotecas de etiquetas propias que nos permiten extender la funcionalidad de una página web JSP.

Otras características destacables serían:

- Modelo de eventos en el lado del servidor.
- *Beans* administrados.
- Administración de estados.

JSF es una especificación oficial del fabricante de Java y como tal está identificada en la *Java Community Process* de la siguiente manera según versión:

- JSF 1.0 JSR 127.
- JSF 1.1 JSR 252.
- JSF 2.0 JSR 314.

4.1.3 Spring MVC

Spring es un *framework* de aplicaciones Java/J2EE desarrollado usando licencia *open source*. Se basa en una configuración a base de *JavaBeans* bastante simple. Es potente en cuanto a la gestión del ciclo de vida de los componentes y fácilmente ampliable. Es interesante el uso de programación orientada a aspectos (IoC). Tiene plantillas que permiten un más fácil uso de Hibernate, iBatis, JDBC.

Spring tiene las siguientes ventajas:

- Arquitectura en capas, lo cual nos permite utilizar lo que realmente se precisa prescindiendo de aquello que no se necesita.
- Spring permite a los programadores centrarse en la programación de objetos planos Java (POJO). Esto facilita realizar pruebas e integración continuas.
- Código abierto, no hay restricción alguna por parte del fabricante.

4.1.4 Play

El *framework* Play es una alternativa ágil y simple a la sobrecargada plataforma para desarrollo de aplicaciones empresariales de Java. Promueve la productividad del desarrollador y soporta el desarrollo de aplicaciones REST. Play es el complemento perfecto para las metodologías de desarrollo ágiles.

Como todos los *frameworks* Play promueve facilitar el desarrollo de aplicaciones web sin renunciar al uso de Java. Esto es así porque Play es un *framework* de desarrollo web escrito íntegramente en Java, y por lo tanto esto le permite mantener sus herramientas y librerías habituales. Si utilizas Java como plataforma de desarrollo no necesitas cambiar a otro lenguaje, otro IDE y otras librerías.

4.1.5 Grails

Grails es un *framework* de desarrollo de aplicaciones web de código abierto creado en el lenguaje de programación Groovy. Grails pretende ser un *framework* altamente productivo que aplica paradigmas tales como convención sobre configuración o DRY (*don't repeat yourself*, no te repitas), proporcionando un entorno de desarrollo estandarizado y ocultando detalles de configuración al desarrollador.

Grails se ha desarrollado con los siguientes objetivos:

- Ofrecer un *framework* web de alta productividad para la plataforma Java EE.
- Reutilizar tecnologías Java consagradas tales como Hibernate o Spring bajo una interfaz simple.
- Ofrecer un *framework* consistente, fácil de aprender y que evite caer en complejidades.
- Proporcionar lo que los usuarios necesitan en áreas que a menudo son complejas mediante una gran cantidad de *plugins*.
- Proporcionar aplicaciones ejemplo que muestren las posibilidades del *framework*.
- Proporcionar un entorno de desarrollo mediante el patrón MVC (Modelo-Vista-Controlador).
- Inexistencia de configuración XML.
- Un entorno de desarrollo preparado para funcionar desde el mismo momento de su instalación.
- Funcionalidad disponible mediante métodos dinámicos.

4.1.6 Vaadin

Vaadin es un *framework* de desarrollo Java de código abierto, que facilita el desarrollo y el mantenimiento de aplicaciones web ricas con una apariencia de escritorio tradicional de alta calidad y con buen rendimiento.

Las características de Vaadin son:

- Es un *framework* que se centra en el desarrollo de la capa de presentación de aplicaciones web en Java, y muestra la típica interfaz de escritorio tradicional, sin necesidad de usar JavaScript ni JSON ni XML ni tan siquiera un HTML básico.

- Se programa en el servidor. La definición de la interfaz se realiza en el servidor utilizando Java (sin JavaScript). Todo se compila y se puede depurar.
- Vaadin viene de serie con unos componentes de interfaz definidos en la parte servidor, y mediante llamadas a la lógica de negocio permite crear nuevos elementos por composición.
- Permite extender un *widget* para hacer uno propio (parte cliente), así como crear uno nuevo, utilizando el compilador de Google para los componentes de la capa de presentación GWT.
- Permite la integración con cualquier otro *framework* Java, como JEE (CDI), Spring, Guice, etc.
- Dispone de un *plugin* para Eclipse para crear proyectos, compilar *widgetset* (GWT), etc.

Principales ventajas de Vaadin:

- Facilita el desarrollo en aplicaciones web mediante una arquitectura orientada a componentes.
- Facilita el mantenimiento de las aplicaciones.
- Todo ello con software libre.
- Proporciona automáticamente la compatibilidad entre navegadores. El usuario final no tiene que instalarse ningún *addon* o *plugin* especial.
- Logra la típica interfaz de usuario de escritorio, sencilla de usar.

Fundamentalmente los tipos de aplicaciones que se pueden crear son:

- Aplicaciones web para Internet.
- Intranets de tipo escritorio.

4.2 ESTADÍSTICAS DE USO

A continuación se recoge una estadística[1] de uso de mediados de 2014 obtenida a partir de las respuestas recogidas sobre una muestra de casi 2.000 profesionales del sector que desarrollan aplicaciones sobre la plataforma J2EE:

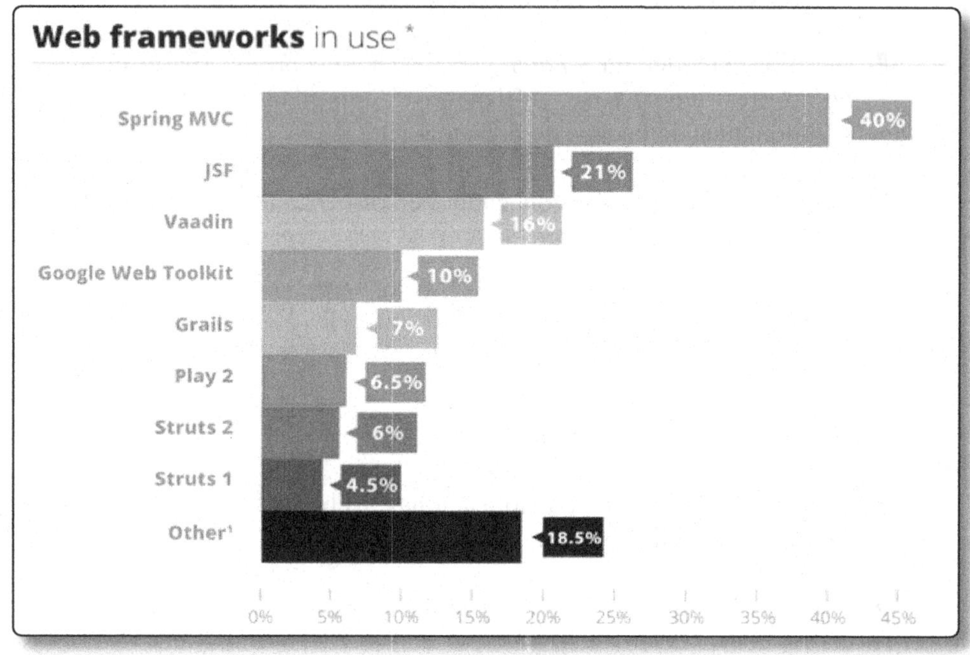

Figura 14.1. Cuota de mercado de frameworks J2EE

1 Fuente: *http://zeroturnaround.com/rebellabs/top-4-java-web-frameworks-revealed-real-life-usage-data-of-spring-mvc-vaadin-gwt-and-jsf/*.

5

SPRING MVC

5.1 ARQUITECTURA DE LA APLICACIÓN WEB

Debido al auge que tienen las aplicaciones web basadas en Ajax, la aplicación del patrón MVC ha sido mejorada para proveer mejores experiencias a los usuarios, usando JavaScript, Ajax y formatos especiales de información como son JSON o XML.

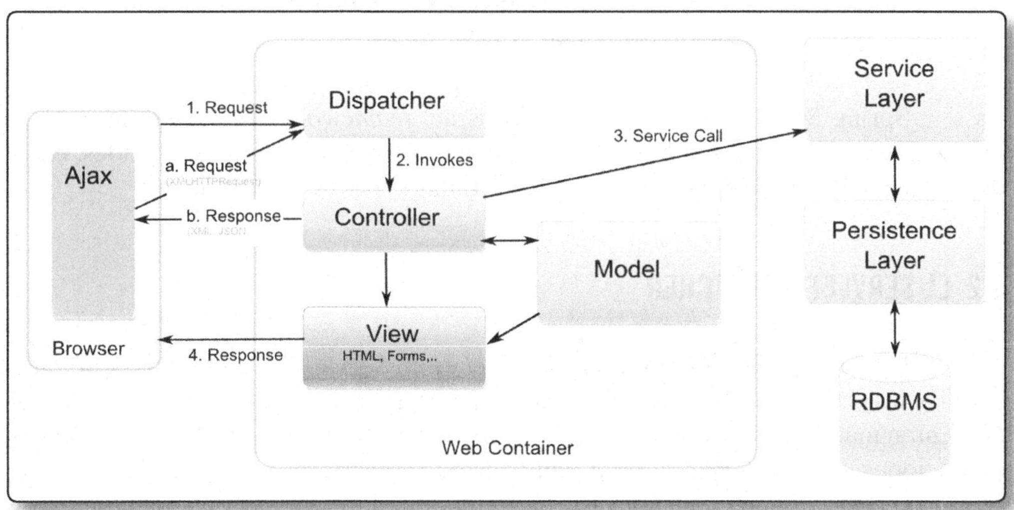

Figura 14.1. Concepto de mejora en el patrón MVC

Esta figura ilustra un patrón de aplicaciones web usado comúnmente, el cual puede ser tratado como la mejora del tradicional patrón MVC.

1. *Request*: una petición es enviada al servidor, la mayoría de los *frameworks* (Spring MVC, Struts, etc.) tendrán un *dispatcher* para atender las solicitudes.

2. *Invokes*: el *dispatcher* envía las solicitudes al controlador apropiado.

3. *Service call*: el *controller* hace uso de la capa de servicio para llegar a la capa de persistencia.

4. *Response*: basándose en el resultado el *controller* actualiza el modelo y se lo presenta en la vista al usuario.

En adición con las llamadas Ajax sucede lo siguiente:

1. *Request*: un *XMLHttpRequest* (petición Ajax) es preparado y enviado al servidor, el *dispatcher* enviará la solicitud al correspondiente controlador.

2. *Response*: el controlador interactúa con la capa de servicio y los datos de respuesta serán formateados y enviados al navegador, en este caso las vistas no son involucradas ya que el navegador recibe los datos y realiza una actualización parcial en la vista existente.

Spring MVC es uno de los módulos del *framework* Spring que provee un exhaustivo soporte para el patrón MVC, además de múltiples funcionalidades, entre otras la posibilidad de aplicar fácilmente distintas capas de presentación.

5.2 EL SERVLET DISPATCHER

En Spring MVC el *DispatcherServlet* es un *Servlet* que recibe las peticiones HTTP y las envía al controlador apropiado. En una aplicación Spring MVC es posible configurar más de un *DispatcherServlet* destinados a distintos propósitos como atender a peticiones de vistas, responder a llamadas de *webservices*, etc., y por tanto cada *DispatcherServlet* debe tener su propia configuración (*WebApplicationContext*), en donde se especifican las propiedades del *Servlet*, como por ejemplo los controladores que el *Servlet* soporta, manejador de mapeo, etc. También el *WebApplicationContext* puede incluir la configuración de la aplicación tal como la capa de persistencia, seguridad, servicios, etc.

Como se mencionó anteriormente todas las solicitudes entrantes fluyen a través de *DispatcherServlet*; como cualquier otro *Servlet* en una aplicación Java EE debe ser cargado en tiempo de arranque del *WEB-INF/web.xml*. El *DispatcherServlet* también es responsable de cargar un *SpringApplicationContext* el cual es usado para realizar el enlazado y la inyección de dependencias.

Para ilustrar esto comenzaremos creando un ejemplo. Crearemos un primer proyecto utilizando una de las plantillas que incluye Eclipse al tener el *plugin Spring Tools* instalado. Para ello hacemos clic en:

New > **Other** > **Spring** > **Spring project** > **Simple Spring Web Maven**

Existe otra alternativa para crear un proyecto web:

New > **Spring** > **Spring MVC Project**

Se muestra la equivalencia en el nombrado de los archivos más representativos, en función de si se utiliza una vía u otra:

- *WEB-INF/web.xml* = *web.xml*: fichero de configuración web.
- *WEB-INF/mvc-config.xml* = *WEB-INF/spring/appServlet/servlet-context.xml*: fichero de configuración de Spring.
- *src/main/resources/spring/application-config.xml* = *WEB-INF/spring/root-context.xml*: archivo para definir aspectos relacionados con la DI, parámetros de la BD, etc.

A continuación iremos viendo uno a uno los detalles de los principales archivos implicados en la creación de nuestro primer ejemplo.

Fichero web.xml

En las aplicaciones web Java, *web.xml* es el fichero de configuración básico y mínimo. Sobre este podemos montar otros *frameworks* como Spring o Struts 2 que tendrán sus propios ficheros de configuración XML.

En el caso de Spring, debemos incluir en el fichero *web.xml* una referencia a un *Servlet* especial que hace que todas las peticiones pasen por el *framework* Spring. De hecho en Spring hay más de un *Servlet* con este propósito, con lo que varía la forma de mapear las URL de las peticiones con los componentes de Spring.

```
<?xml version="1.0" encoding="ISO-8859-1"?>
<web-app xmlns:xsi="http://www.w3.org/2001/XMLSchema-
instance"
     xmlns="http://java.sun.com/xml/ns/javaee"
     xsi:schemaLocation="http://java.sun.com/xml/ns/
javaee
http://java.sun.com/xml/ns/javaee/web-app_2_5.xsd"
     id="WebApp_ID" version="2.5">

  <display-name>helloSpring</display-name>
   <!--
     - Location of the XML file that defines the root
application context.
     - Applied by ContextLoaderListener.
  -->
  <context-param>
    <param-name>contextConfigLocation</param-name>
    <param-value>classpath:spring/application-config.
xml</param-value>
  </context-param>

  <listener>
    <listener-class>org.springframework.web.context.
ContextLoaderListener</listener-class>
  </listener>

  <!--
     - Servlet that dispatches request to registered
handlers (Controller implementations).
  -->
  <servlet>
    <servlet-name>dispatcherServlet</servlet-name>
    <servlet-class>org.springframework.web.servlet.
DispatcherServlet</servlet-class>
    <init-param>
      <param-name>contextConfigLocation</param-name>
      <param-value>/WEB-INF/mvc-config.xml</param-value>
    </init-param>
    <load-on-startup>1</load-on-startup>
  </servlet>

  <servlet-mapping>
    <servlet-name>dispatcherServlet</servlet-name>
    <url-pattern>/</url-pattern>
  </servlet-mapping>
</web-app>
```

Aquí es importante aparte del *servlet*, el parámetro de Contexto (*contextConfigLocation*), ya que ahí es donde se le indica al *servlet* el fichero de configuración de Spring.

Fichero mvc-config.xml (servlet-context.xml)

El fichero de Spring. Tiene las siguientes configuraciones:

- Establece que los *controllers* de la aplicación MVC son clases con anotaciones.
- Analiza e instancia de forma automática todas aquellas clases que son controladores.
- Indica qué clase de Spring se encarga de los *views* o vistas y en este caso el prefijo y sufijo que añade.
- Hay cierto contenido en cualquier aplicación web que es totalmente estático, es decir, no cambia desde que se mueve del servidor al navegador, como por ejemplo el JavaScript, las hojas de estilo, las imágenes, etc. Con esta configuración le indicamos que todo lo que hay en esa carpeta *resources* se considere estático.

```
<?xml version="1.0" encoding="UTF-8"?>
<beans xmlns="http://www.springframework.org/schema/
beans"
  xmlns:xsi="http://www.w3.org/2001/XMLSchema-instance"
xmlns:mvc="http://www.springframework.org/schema/mvc"
  xmlns:context="http://www.springframework.org/schema/
context"
  xsi:schemaLocation="http://www.springframework.org/
schema/mvc http://www.springframework.org/schema/mvc/
spring-mvc.xsd
    http://www.springframework.org/schema/beans
http://www.springframework.org/schema/beans/spring-
beans.xsd
    http://www.springframework.org/schema/context
http://www.springframework.org/schema/context/spring-
context.xsd">

  <context:component-scan base-package="org.sistema.
springmvc.hello" />
  <!-- Static
    content: js, css, images -->
  <mvc:resources mapping="/resources/**" location="/
```

```
resources/" />
  <mvc:annotation-driven />
  <bean
  class="org.springframework.web.servlet.view.
InternalResourceViewResolver">
     <!-- Example: a logical view name of 'showMessage'
is mapped to '/WEB-
     INF/jsp/showMessage.jsp' -->
     <property name="prefix" value="/WEB-INF/view/" />
     <property name="suffix" value=".jsp" />
  </bean>
</beans>
```

5.3 CREACIÓN DE CONTROLADORES Y SERVICIOS

Una vez hecho esto, creamos nuestro primer controlador. Será una clase muy simple, no hereda nada, simplemente tiene anotaciones para indicar los mapeos de URL con cada método. Esta clase contiene una acción *sayHelloPage*, que será invocada cuando hagamos una petición sobre la *url/hello*. Esta acción insertará en un objeto *model* una cadena de texto que pasará a la vista denominada *hello*, y que aún no hemos creado.

```
package org.sistema.springmvc.hello;

import java.util.Map;
import org.springframework.stereotype.Controller;
import org.springframework.web.bind.annotation.
RequestMapping;

/**
 * Controller class form default action
 * @author Eugenia Pérez Martínez
 * @email eugenia_perez@cuatrovientos.org
 */
@Controller
public class HelloController {

  /**
   * default constructor
   */
  public HelloController() {
    System.out.println("BEAN instantiated");
  }
```

```
    /**
     * handles /hello request
     *
     * @param model
     * @return the name of the view to show
RequestMapping({"/hello"})
     */
    @RequestMapping("/hello")
    public String sayHelloPage(Map<String, Object> model)
{
        System.out.println("Inside sayHelloPage");
        model.put("greet", "Hello World, welcome to my
app");
    // return the name of the view resource
        return "hello";
    }
}
```

Creemos entonces la vista mediante un archivo *hello.jsp* en la siguiente ubicación:

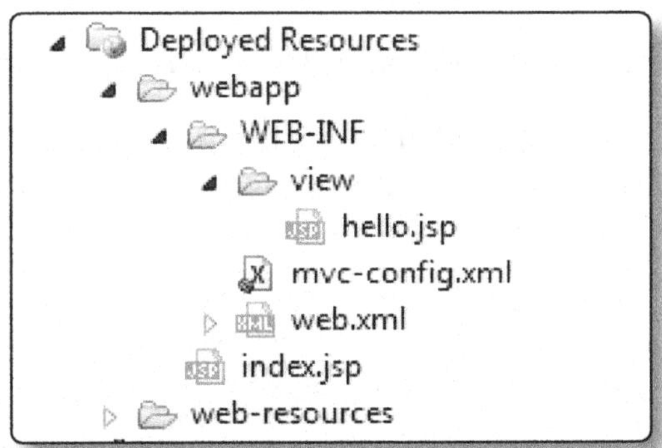

Figura 14.3. Creación de la primera vista

```
<!DOCTYPE html>
<%@ page language="java" contentType="text/html;
charset=UTF-8"
    pageEncoding="UTF-8"%>
<html>
<head>
<meta charset="utf-8">
<title>Hello</title>
</head>
<body>
```

```
        <header>Hello, Spring MVC works perfectly</header>
        <article>
            <h2>${greet}</h2>
        </article>
    </body>
    </html>
```

Como se puede apreciar, es todo HTML plano excepto el mensaje que se imprime en la etiqueta *<h2>*, que accede al *Map model* que rellenamos desde el controlador. Por tanto, esperamos que en esa etiqueta se muestre el texto "Hello World, welcome to my app".

Con esto ya hemos terminado nuestro primer ejemplo. No obstante, antes de probarlo vamos a realizar una serie de ajustes.

Primero de todo, si hacemos un *maven install* sobre el proyecto, nos creará el *war* del mismo, que no es más que un fichero comprimido con todo el contenido del sitio web empaquetado y listo para ser instalado en un servidor de aplicaciones y desplegado. Si lo hacemos, vemos que el nombre del paquete que se genera es *helloSpring-0.0.1-SNAPSHOT.war*. Esto es un pequeño problema ya que entonces, al acceder a la URL del sitio habrá que ir a (por ejemplo):

http://localhost:8081/helloSpring-0.0.1-SNAPSHOT/hello

Sería más cómodo que el nombre del *war* generado fuera simplemente *helloSpring*. Para conseguirlo, simplemente tenemos que añadir lo siguiente a la parte final de nuestro *pom.xml*:

```
<build>
    <finalName>${artifactId}</finalName>
</build>
```

Vuelve a ejecutar *maven install* y comprueba que ahora el *war* tiene el nombre sin incluir la versión.

Hasta ahora hemos visto cómo, de una manera sencilla, se maneja la petición de un cliente desde que es recibida por el servidor hasta que se le muestra el contenido deseado. El flujo siempre es el mismo:

1. Petición del cliente a una ruta determinada. El formato de la ruta siempre cumple el patrón */controlador/acción/parámetros*.

2. La petición se dirige al controlador y acción especificados en la petición, pasándole los parámetros. Así, el flujo de ejecución llega a la primera línea de la acción indicada.

3. Se ejecuta el código de la acción. La última línea de este código debe enviar el flujo a una vista a mostrar, que será el contenido que le aparezca al usuario en su navegador.

En cuanto al formato de las peticiones, ya hemos dicho que suele seguirse el patrón */controlador/acción/parámetros*, combinado con los distintos métodos de HTTP, como son GET, POST, PUT y DELETE. Como norma general, en REST se suele utilizar el siguiente convenio, que va más allá de Spring y es aplicado en la gran mayoría de *frameworks* MVC de distintas tecnologías:

Método HTTP	Path	Controlador#Acción	Uso
GET	/products	products#index	Muestra una lista de productos
GET	/products/new	products#new	Retorna el formulario HTML para la creación de un producto
POST	/products	products#created	Crea un nuevo producto
GET	/products/:id	products#show	Muestra un producto específico
PUT/PATCH	/products/:id	products#update	Actualiza un producto específico
DELETE	/products/:id	Products#delete	Borra un producto específico

Figura 14.4. Convenio para manejar las peticiones HTTP

Existen variaciones a lo anterior, como utilizar el *POST* para *UPDATE*, en lugar de *PUT*. No obstante, cabe destacar que esto es un convenio que en ningún caso obliga al programador a definir sus propias rutas.

5.4 DESPLEGANDO LA APLICACIÓN EN UN SERVIDOR DE APLICACIONES

Ya tenemos listo nuestro paquete *war*. Ahora solo necesitamos disponer de un servidor de aplicaciones en el que desplegarlo. En este caso instalaremos JBoss, ya que es uno de los más extendidos, fácil de configurar y ampliamente recomendado.

Comenzaremos descargando e instalando el servidor. El elegido es Wildfly 8.2.0, última versión a fecha en la que se escribió este libro, que no es más que la versión 100% *free* de JBoss. Puedes descargarlo aquí:

http://wildfly.org/downloads/

Para instalarlo simplemente descomprímelo en la ubicación que prefieras. Wildfly por defecto arranca en el puerto 8080, por lo que si tuvieras algo ya corriendo en ese puerto necesitarías cambiarlo. Para cambiarlo debes ir al archivo:

wildfly-8.2.0.Final\standalone\configuration\standalone.xml

Y buscar la siguiente línea:

```
<socket-binding name="http" port="${jboss.http.
port:8080}"/>
```

Ahora arráncalo ejecutando el archivo:

wildfly-8.2.0.Final\bin\run.bat

Una vez arrancado, comprobamos que funciona correctamente yendo a la URL:

http://localhost:[PUERTO_ELEGIDO]

Figura 14.5. Pantalla inicial al utilizar Wildfly 8

Para poder administrarlo de una manera más cómoda, podemos integrarlo en Eclipse. Para ello es necesario tener instalado el *plugin JBoss Tools*. Así que ve al *Eclipse Marketplace* y compruébalo.

A continuación, ve a **File** > **New** > **Other**, y elige **Server**.

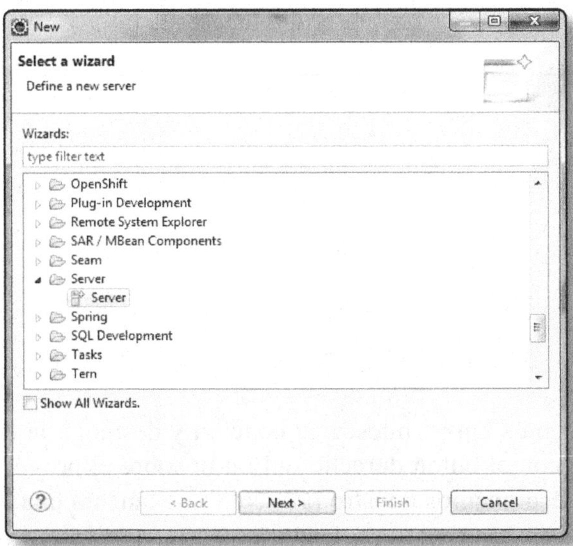

Figura 14.6. Wizard para configuración de Wildfly 8 en Eclipse

Elige **Wildfly 8.x** en la pantalla siguiente.

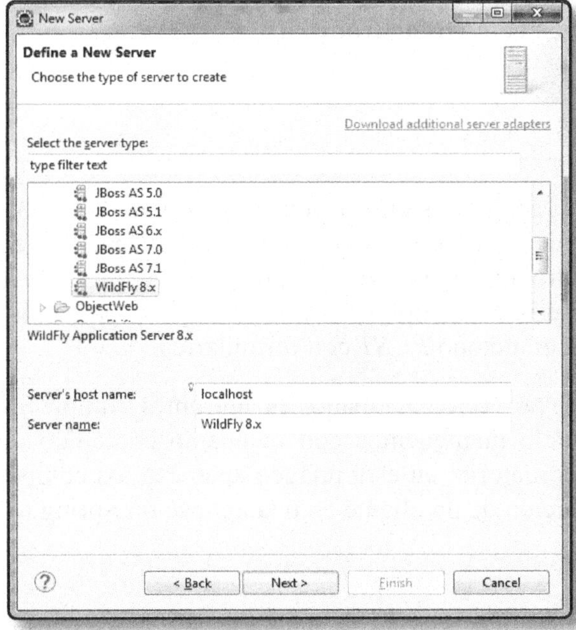

Figura 14.7. Wizard para configuración de Wildfly 8 en Eclipse (II)

Al hacer esto, debe aparecer una pestaña en la parte inferior de la pestaña llamada **Servers**.

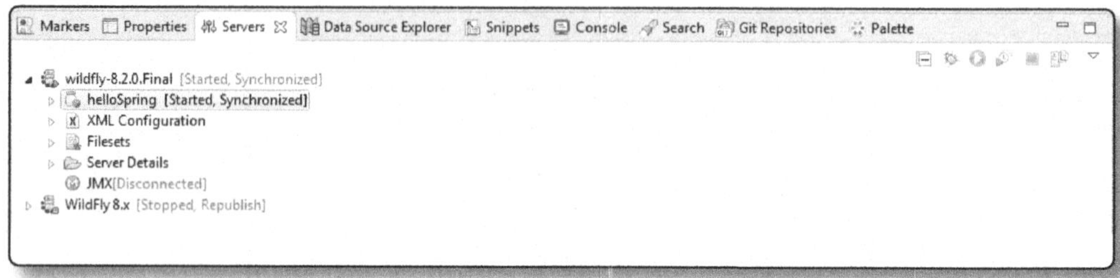

Figura 14.8. Panel de control del servidor instalado

Ahora debemos lanzar nuestra aplicación y desplegarla en el servidor. Para ello, hacemos clic con el botón derecho del ratón sobre el proyecto **Run As** > **Run on Server**. Ahí seleccionamos nuestro proyecto y se lanzará una interfaz web con la aplicación.

A partir de aquí, cada vez que hagamos un cambio en la aplicación, para que se despliegue la versión actualizada en el servidor debemos pulsar con el botón derecho del ratón sobre el proyecto en la vista *Servers* y seleccionar la opción **Incremental Publish** o **Full Publish** según deseemos. Cuando se produzca el despliegue nos marcará la aplicación como **Synchronized**.

5.5 FORMULARIOS

Ahora que ya tenemos el proyecto funcionando y hemos visto el recorrido completo de una petición desde que es enviada por el cliente, tratada por el *dispatcher*, recibida por el controlador y presentada la respuesta a través de la vista, vamos a ir al detalle con una serie de ejemplos concretos: cómo se pasan los parámetros con el método *GET* y con el método *POST* con formularios.

Creamos un proyecto del mismo tipo que antes (Simple Spring Web Maven). El fichero *web.xml* lo mantenemos con el mismo contenido que en el proyecto anterior. Como recordatorio, en esta imagen aparecen los componentes implicados en resolver una petición de un cliente en una aplicación Spring MVC:

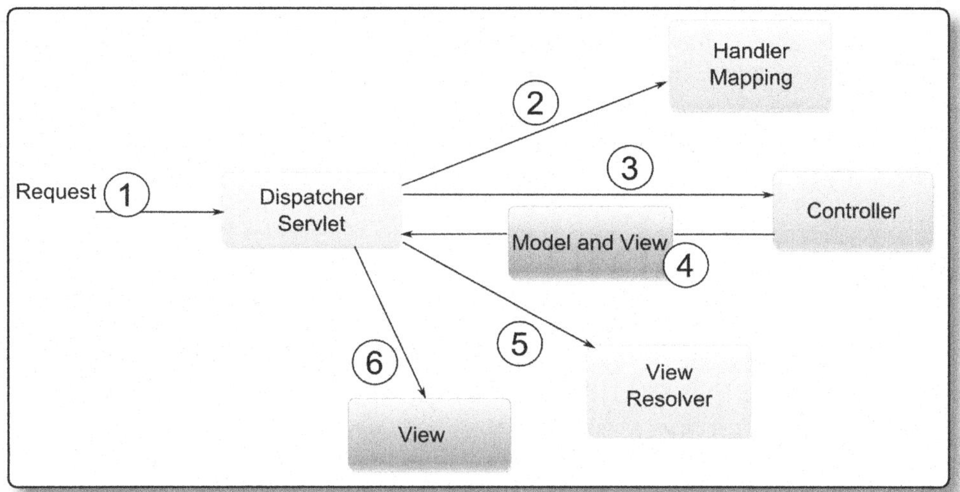

Figura 14.9. Gestión de una petición de cliente bajo el framework de Spring MVC

Nosotros nos debemos centrar en los controladores y las vistas, además de en los modelos que enviamos de los controladores a las vistas con la información a presentar. Del resto se encargará el *framework*.

El archivo *mvc-config* es muy similar al del ejemplo anterior:

```
<?xml version="1.0" encoding="UTF-8"?>
<beans xmlns="http://www.springframework.org/schema/
beans"
   xmlns:xsi="http://www.w3.org/2001/XMLSchema-instance"
xmlns:mvc="http://www.springframework.org/schema/mvc"
   xmlns:context="http://www.springframework.org/schema/
context"
   xsi:schemaLocation="http://www.springframework.org/
schema/mvc http://www.springframework.org/schema/mvc/
spring-mvc.xsd
       http://www.springframework.org/schema/beans
http://www.springframework.org/schema/beans/spring-
beans.xsd
       http://www.springframework.org/schema/context
http://www.springframework.org/schema/context/spring-
context.xsd">
```

```
  <context:component-scan base-package="org.sistema.
springmvc.forms.controllers" />
  <!-- With this all the content from resources dir
will be treated as static
      content: js, css, images, -->
  <mvc:resources mapping="/resources/**" location="/
resources/" />
  <mvc:annotation-driven />
  <bean
  class="org.springframework.web.servlet.view.
InternalResourceViewResolver">
<!-- Example: a logical view name of 'showMessage' is
mapped to '/WEB-INF/jsp/showMessage.jsp' -->
      <property name="prefix" value="/WEB-INF/view/" />
      <property name="suffix" value=".jsp" />
  </bean
</beans>
```

Otro fichero del que hablamos en el apartado de creación de un proyecto de Spring Simple es el llamado *application-config.xml* o bien *root-context.xml.* Este fichero entrará en juego para incluir aspectos externos a la configuración del propio *framework* en sí mismo, tales como inyección de dependencias, configuración de la BD, etc. En el presente ejemplo se utilizará para inyectar el DAO que maneja las operaciones típicas del objeto que conforma el modelo de negocio.

Fichero application-config.xml (root-context.xml)

```
<?xml version="1.0" encoding="UTF-8"?>

<beans xmlns="http://www.springframework.org/schema/
beans"
  xmlns:xsi="http://www.w3.org/2001/XMLSchema-instance"
xmlns:context="http://www.springframework.org/schema/
context"
  xsi:schemaLocation="http://www.springframework.org/
schema/beans http://www.springframework.org/schema/
beans/spring-beans.xsd
     http://www.springframework.org/schema/context
http://www.springframework.org/schema/context/spring-
context.xsd">
 <bean id="userDAO" class="org.sistema.springmvc.forms.
dao.impl.fakes.FakeUserDAO">
 </bean>
</beans>
```

5.5.1 Listado

Comenzaremos creando un listado de usuarios. Así pues, creamos una página *jsp* llamada *users.jsp*.

```
<%@ taglib prefix="c" uri="http://java.sun.com/jsp/jstl/
core"%>
<%@ taglib prefix="s" uri="http://www.springframework.
org/tags"%>
<%@ page language="java" contentType="text/html;
charset=UTF-8"
  pageEncoding="UTF-8"%>
<!DOCTYPE html>
<html>
 <head>
  <meta charset="utf-8">
  <meta http-equiv="X-UA-Compatible" content="IE=edge">
  <meta name="viewport" content="width=device-width,
initial-scale=1">
  <title>Spring forms :: Users</title>
  </head>
  <body>

  <a href="#">Users app</a>
  <ul>
    <li><a href="<s:url value="/users/" />"
title="View users">View
         users</a></li>
    <li><a href="<s:url value="/users/new" />"
title="New user">New
         user</a></li>
  </ul>

  <h1>Users list</h1>
  <p>These are the users currently in the system.</p>

  <table >
    <thead>
      <tr>
        <th>Login</th>
        <th>Description</th>
        <th>Actions</th>
      </tr>
    </thead>
    <tbody>
```

```
        <c:forEach items="${users}" var="user">
          <tr>
            <td>${user.login}</td>
            <td>${user.description}</td>
            <td><a href="<s:url value="/users/${user.
id}" />"
              title="Detailed info"> see detail</a></td>
          </tr>
        </c:forEach>
      </tbody>
    </table>

    <p>&copy; 2015 Eugenia Pérez</p>
  </body>
</html>
```

Esta página necesita de un controlador que le nutra de datos. Creamos pues un *UserController* que de momento tendrá una acción para listar usuarios. Como aún no hemos visto cómo integrar Hibernate en un proyecto Spring MVC, de momento no extraeremos los usuarios de la base de datos, sino que simplemente los cargaremos de memoria. No obstante, seguimos la estructura del patrón DAO, y de momento le damos implementación con una clase que simplemente retorna objetos construidos bajo demanda.

```
package org.sistema.springmvc.forms.controllers;

import java.util.List;
import java.util.Map;
import org.sistema.springmvc.forms.dao.UserDAO;
import org.sistema.springmvc.forms.models.User;
import org.slf4j.Logger;
import org.slf4j.LoggerFactory;
import org.springframework.beans.factory.annotation.
Autowired;
import org.springframework.stereotype.Controller;
import org.springframework.web.bind.annotation.
RequestMapping;
import org.springframework.web.bind.annotation.
RequestMethod;

/**
 * Controller for users.
 *
 * @author Eugenia Pérez Martínez
 */
```

```
@Controller
public class UserController {

   private static final Logger logger = LoggerFactory
        .getLogger(UserController.class);

   @Autowired
   private UserDAO userDAO;

   /**
    * handles default /users
    *
    * @param model
    * @return the name of the view to show
RequestMapping({"/users"})
    */
   @RequestMapping(method = RequestMethod.GET, value = {
"/", "/users" })
   public String showUsers(Map<String, Object> model) {
      logger.info("Product showUsers. ");

      List<User> users = userDAO.selectAll();
      model.put("users", users);

      return "user/users";
   }
}
```

Interfaz *UserDAO*:

```
package org.sistema.springmvc.forms.dao;

import java.util.List;
import org.sistema.springmvc.forms.models.User;

/**
 * Interface for a UserDAO.
 *
 * @author Eugenia Pérez Martínez.
 */
public interface UserDAO {

   /**
    * This is the method to be used to create a record
in the Student table.
    */
   public int create(User user);
```

```
   /**
    * This is the method to be used to list down a
record from the Student
    * table corresponding to a passed student id.
    */
   public User selectById(Integer id);

   /**
    * This is the method to be used to list down all the
records from the
    * Student table.
    */
   public List<User> selectAll();

   /**
    * This is the method to be used to delete a record
from the Student table
    * corresponding to a passed student id.
    */
   public void delete(Integer id);

   /**
    * This is the method to be used to update a record
into the Student table.
    */
   public void update(Integer id, User user);
}
```

Y esta sería una implementación sin utilizar base de datos creando una colección de objetos Usuario en memoria. Aunque en este apartado solo se utilizará el *selectAll*, se adjunta con la finalidad de todos los métodos que necesitaremos y de los que haremos uso más adelante en el presente capítulo.

```
package org.sistema.springmvc.forms.fakes;

import java.util.ArrayList;
import java.util.List;

import org.sistema.springmvc.forms.dao.UserDAO;
import org.sistema.springmvc.forms.models.User;

/**
 * Fake implementation for a UserDAO.
 *
 * @author Eugenia Pérez Martínez.
 *
 */
```

```
public class FakeUserDAO implements UserDAO {

  private List<User> mockUserDB;

  /**
   * default constructor
   */
  public FakeUserDAO(){
    init();
  }

  /**
   * inits fake/mock database
   */
  private void init () {
    mockUserDB = new ArrayList<User>();
    User user1 = new User(1, "sjobs", "Apple CEO",
"stewie");
    User user2 = new User(2, "lellison", "Oracle CEO",
"larry");
    User user3 = new User(3, "bgates", "Microsoft
CEO", "imrich");
    User user4 = new User(4, "mzuckerberg", "Facebook
CEO", "selfie");

    mockUserDB.add(user1);
    mockUserDB.add(user2);
    mockUserDB.add(user3);
    mockUserDB.add(user4);
  }

  /**
   * Returns a number greater or equal than 0 if
everything goes well.
   */
  public int create(User user) {
    user.setId(mockUserDB.size() + 1);
    mockUserDB.add(user);
    return user.getId();
  }

  /**
   * Implements one user find.
   */
  public User selectById(Integer id) {
    List<User> users = selectAll();
    User result = null;
```

```
            for (User u : users) {
                if (u.getId() == id)
                    result = u;
            }

            return result;
        }

        /**
         * Get returns the complete db
         */
        public List<User> selectAll() {
            return mockUserDB;
        }

        /**
         * Implements delete operation
         */
        public void delete(Integer id) {
            List<User> users = selectAll();
            User result = null;

            for (User u : users) {
                if (u.getId() == id) {
                    users.remove(u);
                    break;
                }
            }
        }

        /**
         * Implements update operation
         */
        public void update(Integer id, User user) {
            List<User> users = selectAll();

            for (int i = 0; i < users.size(); i++) {

                if (users.get(i).getId() == id) {
                    users.set(i, user);
                    break;
                }
            }
        }

    }
```

Ahora ya deberíamos ser capaces de ver esta página en el navegador con un listado de usuarios. Para ello, basta con que vayamos a la siguiente URL:

http://localhost:8081/springForms/users

En mi caso la página tiene la siguiente apariencia. Cabe destacar que para mejorar el estilo de la página se ha utilizado la librería *Bootstrap*, la cual puedes encontrar en este enlace:

http://getbootstrap.com/

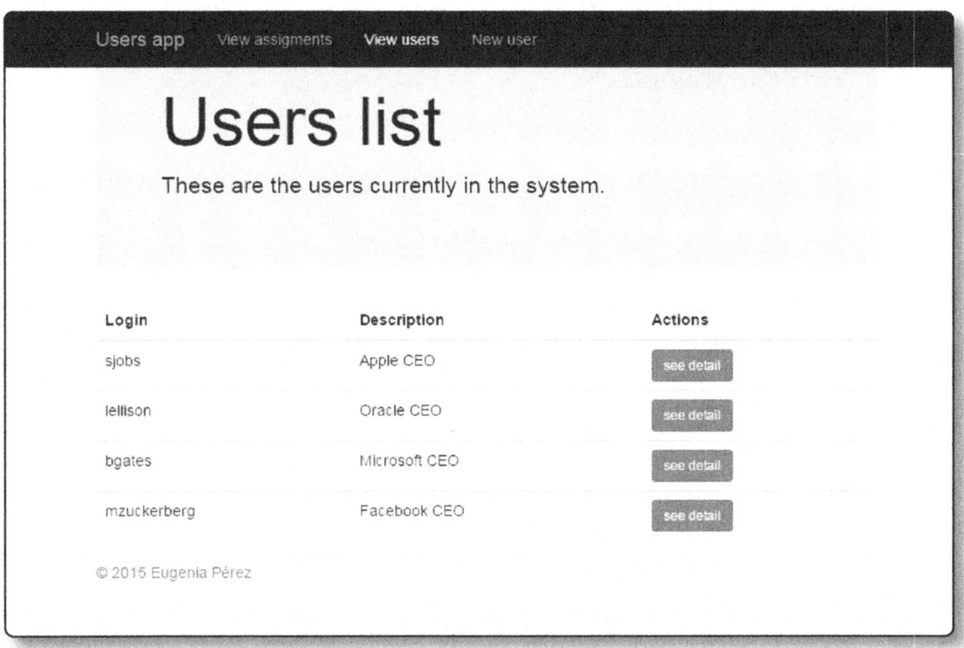

Figura 14.10. Vista del listado de usuarios

Quedando el código HTML de la siguiente manera:

```
<%@ taglib prefix="c" uri="http://java.sun.com/jsp/jstl/
core"%>
<%@ taglib prefix="s" uri="http://www.springframework.
org/tags"%>
<%@ page language="java" contentType="text/html;
charset=UTF-8"
  pageEncoding="UTF-8"%>
<!DOCTYPE html>
```

```
<html>
  <head>
   <meta charset="utf-8">
   <meta http-equiv="X-UA-Compatible"
content="IE=edge">
   <meta name="viewport" content="width=device-width,
initial-scale=1">
   <title>Spring forms :: Users</title>

   <!-- Bootstrap -->
   <link
  href="//maxcdn.bootstrapcdn.com/bootstrap/3.3.1/css/
bootstrap.min.css"
  rel="stylesheet">
  </head>
  <body>
  <nav class="navbar navbar-inverse navbar-fixed-top">
    <div class="container">
      <div class="navbar-header">
        <a class="navbar-brand" href="#">Users app</a>
      </div>
      <div id="navbar" class="collapse navbar-
collapse">
        <ul class="nav navbar-nav">
          <li><a href="<s:url value="/assignments"
/>"
            title="View Users">View assigments</a></
li>
          <li class="active"><a href="<s:url value="/
users/" />"
            title="View users">View users</a></li>
          <li><a href="<s:url value="/users/new" />"
title="New user">New user</a></li>
        </ul>
      </div>
      <!--/.nav-collapse -->
    </div>
  </nav>
  <div class="container">
    <div class="jumbotron">
      <h1>Users list</h1>
      <p>These are the users currently in the
system.</p>
    </div>
```

```
        <table class="table">
          <thead>
            <tr>
              <th>Login</th>
              <th>Description</th>
              <th>Actions</th>
            </tr>
          </thead>
          <tbody>
            <c:forEach items="${users}" var="user">
              <tr>
                <td>${user.login}</td>
                <td>${user.description}</td>
                <td><a class="btn btn-sm btn-primary"
                href="<s:url value="/users/ ${user.id}"
/>"
                title="Detailed info"> see detail</a></
td>
              </tr>
            </c:forEach>
          </tbody>
        </table>
      </div>
      <footer class="footer">
        <div class="container">
          <p class="text-muted">&copy; 2015 Eugenia
Pérez</p>
        </div>
      </footer>
    </body>
</html>
```

5.5.2 Detalle

Como se puede ver, cada usuario tiene un botón para ir a ver el detalle. Este detalle se mostrará en una nueva página. Por tanto, necesitaremos añadir una nueva acción al controlador y una nueva vista. Comencemos añadiendo la siguiente acción a la clase *UserController*:

```
/**
 * handles default /users/id
 *
 * @param model
 * @return the name of the view to show
```

```
RequestMapping({"/users/{id}"})
    */
   @RequestMapping(method = RequestMethod.GET, value = {
"/users/{id}" })
   public String userDetail(@PathVariable(value = "id")
Integer id,
         Map<String, Object> model) {
      logger.info("User detail");

      User user = userDAO.selectById(id);
      model.put("user", user);

      return "user/userDetail";
   }
```

En la acción anterior simplemente recogemos el ID que viene en la URL y buscamos el usuario correspondiente, retornándolo a la vista. A fin de simplificar e ilustrar de manera más adecuada el desarrollo de la aplicación, en las vistas mostradas en sucesivos apartados se ha decidido incluir solo la parte que varía de una vista a otra, es decir, el contenido (dentro del *div container*), eliminando partes como la cabecera, el menú y el pie de las vistas que puedan ser repetitivas. Así pues este es el contenido de la vista *userdetail.jsp*:

```
<div class="container">
   <div class="jumbotron">
      <h1>Users detail</h1>
      <p>See this user info</p>
   </div>
   <c:choose>
      <c:when test="${not empty user}">
         <table class="table">
            <thead>
               <tr>
                  <th>ID</th>
                  <th>Login</th>
                  <th>Description</th>
                  <th>Password</th>
               </tr>
            </thead>
            <tbody>
               <tr>
                  <td>${user.id}</td>
                  <td>${user.login}</td>
                  <td>${user.description}</td>
                  <td>${user.password}</td>
```

```
                    </tr>
                  </tbody>
                </table>
              </c:when>
              <c:otherwise>
                <div class="alert alert-warning"
role="alert">A user with the id specified has not been
found. Please, try again</div>
              </c:otherwise>
            </c:choose>
          </div>
```

Lo importante en esta vista pasa dentro del *<c:choose>*. Ahí comprobamos si el *User* es nulo. En caso contrario, imprimimos su información. Si fuera nulo mostramos un mensaje de error.

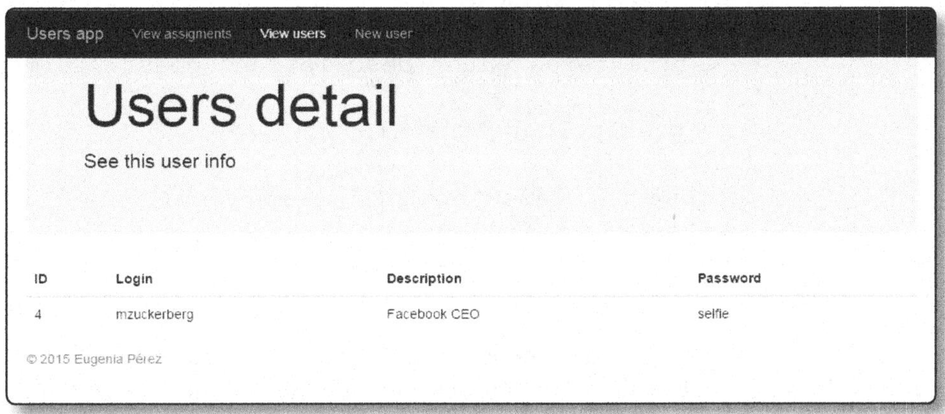

Figura 14.11. Pantalla del detalle de usuario

5.5.3 Inserción

Veamos ahora cómo crear un formulario de alta de nuevos usuarios. Para esto necesitaremos un formulario que envíe los datos a la acción correspondiente del controlador, asignando así los valores introducidos por el usuario a los distintos atributos del nuevo usuario a crear. Esta sería la página que contendría el formulario:

```
<div class="container">
  <div class="jumbotron">
    <h1>New user</h1>
    <p>See this user info</p>
```

```
        </div>

        <sf:form method="post" modelAttribute="user"
action="/users/new">
            <div class="form-group">
              <label for="login">Login</label>
              <sf:input path="login" class="form-control"
placeholder="Login" />
            </div>
            <div class="form-group">
              <label for="password">Password</label>
              <sf:input path="password" class="form-control"
type="password"
                placeholder="Password" />
            </div>
            <div class="form-group">
              <label for="description">Description</label>
              <sf:textarea path="description" class="form-
control"
                placeholder="Description" />
            </div>
            <sf:button class="btn btn-primary pull-
right">Create</sf:button>
        </sf:form>
      </div>
```

La página consiste en un formulario con 3 campos y un botón de *submit* para enviar la información al servidor. Es muy importante entender que los formularios de Spring trabajan contra objetos del modelo de dominio, por lo que a la hora de especificar el formulario (*<sf:form*) también debemos especificar el objeto asociado a dicho formulario a través de *modelAttribute="user"*. De esta forma cada uno de los componentes del formulario (por ejemplo, *sf:input*) deberá referirse a atributos de dicho objeto a través de su *path*.

Para que la página anterior se presente en la pantalla del usuario debe haber una acción en el controlador que responda a una URL dada (por ejemplo, */users/new*) y que presente la vista. Es aquí donde se debe dar el valor al objeto referenciado por el usuario, a través del *array* asociativo que une vista y modelo. En este caso, dado que es una inserción, el valor de *user* es un Usuario vacío. Veamos la acción necesaria:

```
/**
 * handles /users/new by GET
 *
 * @return the name of the view to show
RequestMapping({"/users/new"})
 */
@RequestMapping(method = RequestMethod.GET, value = {
"/users/new" })
public String newUser(Map<String, Object> model) {
        logger.info("Showing custom view to insert by
GET ");
    model.put("user", new User());
    // We return view name
    return "user/newuser";
}
```

Así, cuando hagamos una petición desde nuestro navegador a *users/new* nos aparecerá esta pantalla:

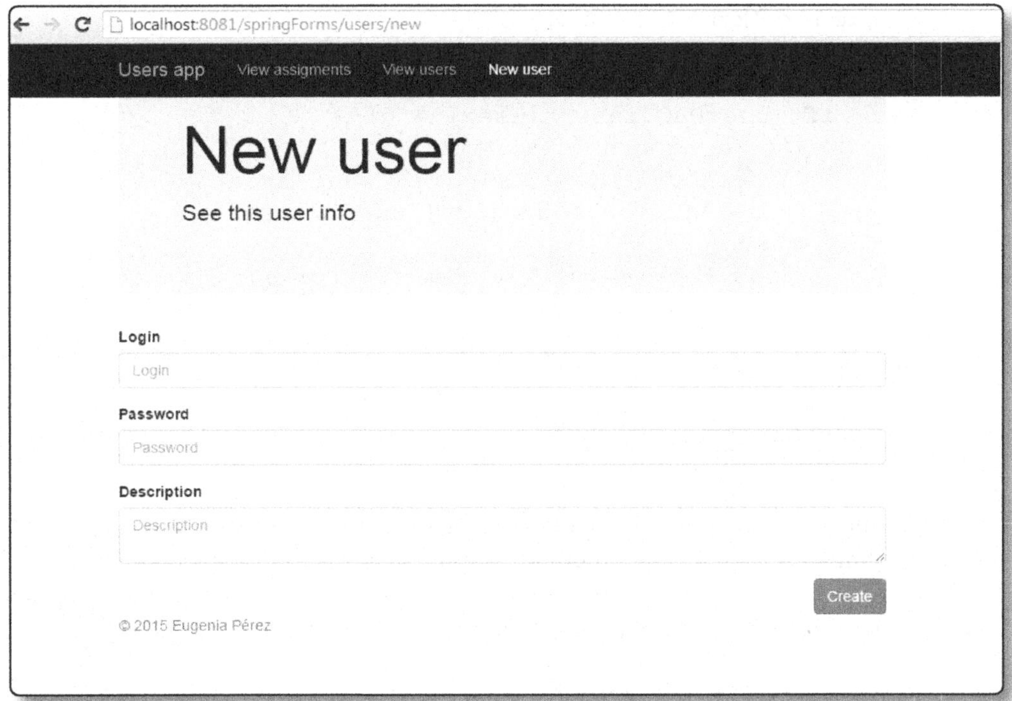

Figura 14.12. Pantalla de creación de nuevo usuario

Ahora que ya tenemos el formulario, debemos ver cómo capturar la información al pulsar el botón de *Create*. Para ello debemos crear una nueva acción que reciba datos por *POST*. El envío de datos al servidor para su guardado siempre suele utilizar este método del protocolo HTTP, mientras que *GET* se destina a lectura de información (listados, ver detalle, etc.). Nótese que el *POST* del formulario supone enviar el objeto entero que tendrá sus atributos correctamente establecidos y estará listo para ser insertado en la base de datos.

La acción para recibir la información del formulario anterior sería la siguiente:

```
/**
 * handles /users/new by POST
 *
 * @return the name of the view to show
RequestMapping({"/users/new"})
 */
@RequestMapping(method = RequestMethod.POST, value =
{ "/users/new" })
public ModelAndView createUser(User user) {
    logger.info("Saveview POST " + user.getId());
    ModelAndView modelAndView = new ModelAndView();
    if (userDAO.insert(user) > 0) {
        // We return view name
        modelAndView.setViewName("user/created");
        modelAndView.addObject("user", user);
    } else {
        modelAndView.setViewName("error");
        modelAndView.addObject("error",
                "An error ocurred while trying to
create a new user. Please, try again");
    }
    return modelAndView;
}
```

Como se puede ver, esta acción recibe el *User* de la vista, y se lo pasa al método *create* del DAO. Este método simula una inserción generando un ID aleatorio. Si el ID generado es mayor que 0, todo va bien y se redirige a una página de éxito. En caso contrario, a una página de error. La página de éxito sería así:

```
<div class="container">
    <div class="jumbotron">
        <h1>User created</h1>
    </div>
    <div class="alert alert-success" role="alert">The
```

```
following user
        has been created successfully</div>
     <table class="table">
        <thead>
          <tr>
            <th>ID</th>
            <th>Login</th>
            <th>Description</th>
            <th>Password</th>
          </tr>
        </thead>
        <tbody>
          <tr>
            <td>${user.id}</td>
            <td>${user.login}</td>
            <td>${user.description}</td>
            <td>${user.password}</td>
          </tr>
        </tbody>
     </table>
   </div>
```

Y mostraría la siguiente información:

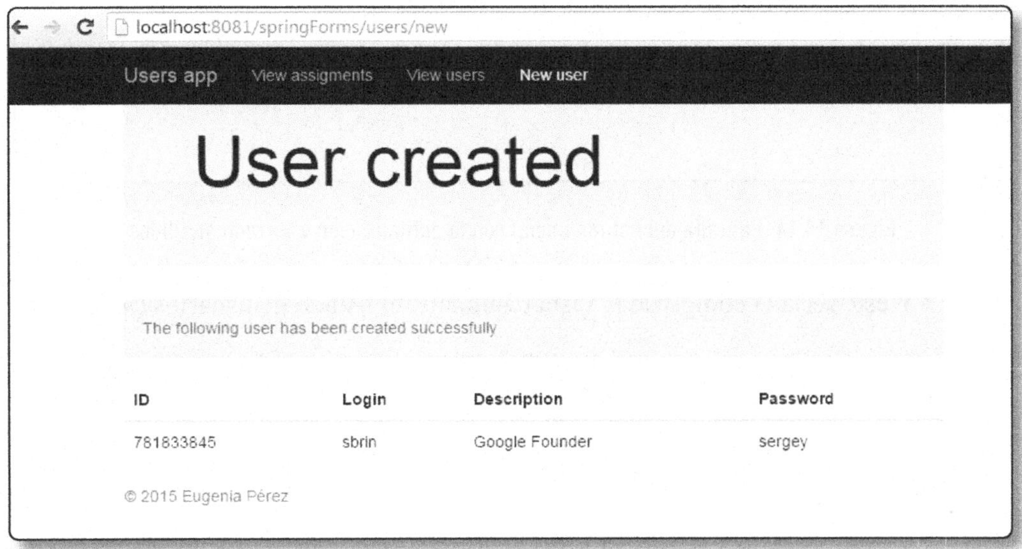

Figura 14.13. Pantalla de confirmación de creación de usuario exitosa

5.5.4 Actualización

Para llevar a cabo las operaciones que se incluirán a continuación, actualización y borrado, es preciso modificar la página del listado inicial incluyendo los botones que nos permitan abordar dicha funcionalidad. Por lo tanto la interfaz de la página del listado quedaría de la siguiente forma:

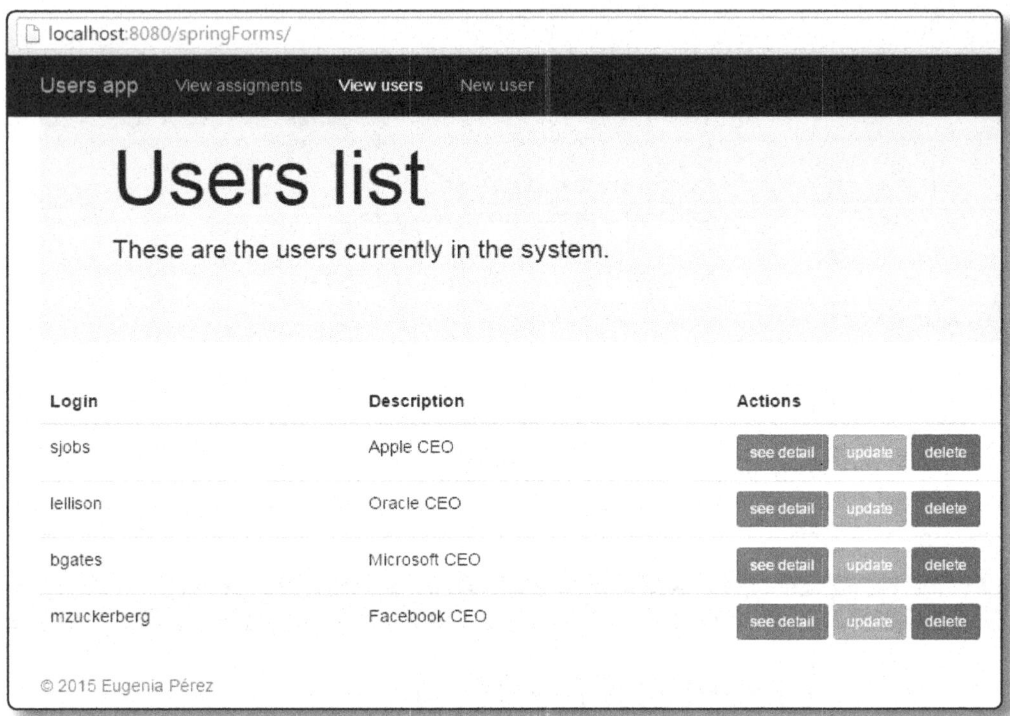

Figura 14.14. Pantalla del listado inicial con la actualización y borrado añadidos

Y este sería el código de la vista resultante, el listado de usuarios (*users.jsp*):

```
<div class="container">
   <div class="jumbotron">
      <h1>Users list</h1>
      <p>These are the users currently in the
system.</p>
   </div>

   <table class="table">
      <thead>
         <tr>
```

```
                <th>Login</th>
                <th>Description</th>
                <th>Actions</th>
              </tr>
            </thead>
            <tbody>
              <c:forEach items="${users}" var="user">
                <tr>
                  <td>${user.login}</td>
                  <td>${user.description}</td>
                  <td><a class="btn btn-sm btn-primary"
                    href="<s:url value="/users/${user.id}" />"
                    title="Detailed info"> see detail</a>
                    <a class="btn btn-sm btn-success"
                    href="<s:url value="/users/
update/${user.id}" />"
                    title="Update"> update</a>
                    <a class="btn btn-sm btn-danger"
                    href="<s:url value="/users/
delete/${user.id}" />"
                    title="Delete"> delete</a>
                    </td>
                </tr>
              </c:forEach>
            </tbody>
          </table>
        </div>
```

Cabe destacar que a la hora de pulsar sobre el enlace correspondiente a la actualización se redireccionará al método del controlador que responda a la URL de la acción *(/users/update/id)* y que será el encargado de presentar la vista con los datos de edición cargados. Lo importante de esta operación es tener en cuenta la necesidad de pasar el id correspondiente al usuario a editar en el *path* para ser recibido de la siguiente manera como parámetro en el método específico del controlador:

```
    /**
     * Simply selects the update view
     */
   @RequestMapping(value = "/users/update/{id}", method
= RequestMethod.GET)
   public String update(@PathVariable(value = "id")
Integer userId, Model model) {
      logger.info("Showing update view GET ");

      model.addAttribute("user", userDAO.
```

```
selectById(userId));

        return "user/update";
    }
```

Siguiendo la misma lógica que en el proceso de inserción anterior, veremos cómo editar usuarios. La acción del controlador anterior retorna una vista que contiene un formulario con los valores de los actuales atributos del usuario a editar cargados en sus campos. Para ello es preciso asociar el usuario en concreto (que conocemos gracias a la selección por id recibido) a la variable que manejará el formulario y que hemos especificado a través de *modelAttribute*. Una vez hecho esto, simplemente haciendo referencia al nombre de cada uno de los atributos del usuario a través del *path* de los componentes, conseguiremos que se cargue la información automáticamente:

```
    <div class="container">
        <div class="jumbotron">
            <h1>Update user</h1>
        </div>
        <s:url var="action" value="/users/saveupdate" />
        <sf:form method="post" action="${action}"
modelAttribute="user">
            <sf:hidden path="id" />
            <div class="form-group">
                <label for="login">Login</label>
                <sf:input path="login" class="form-control"
placeholder="Login" />
            </div>
            <div class="form-group">
                <label for="password">Password</label>
                <sf:input path="password" class="form-control"
type="password"
                    placeholder="Password" />
            </div>
            <div class="form-group">
                <label for="description">Description</label>
                <sf:textarea path="description" class="form-
control"
                    placeholder="Description" />
            </div>
            <sf:button class="btn btn-primary pull-
right">Update</sf:button>
        </sf:form>
```

Dicha página consiste en el mismo formulario con 3 campos y un botón de *submit* que se utilizaba para la inserción pero, como se observa, esta vez con los valores actuales de las propiedades del usuario a editar. Por lo que en el caso de querer editar el usuario 2, se realizaría una petición desde el navegador a *users/update/2*, mostrando la siguiente pantalla:

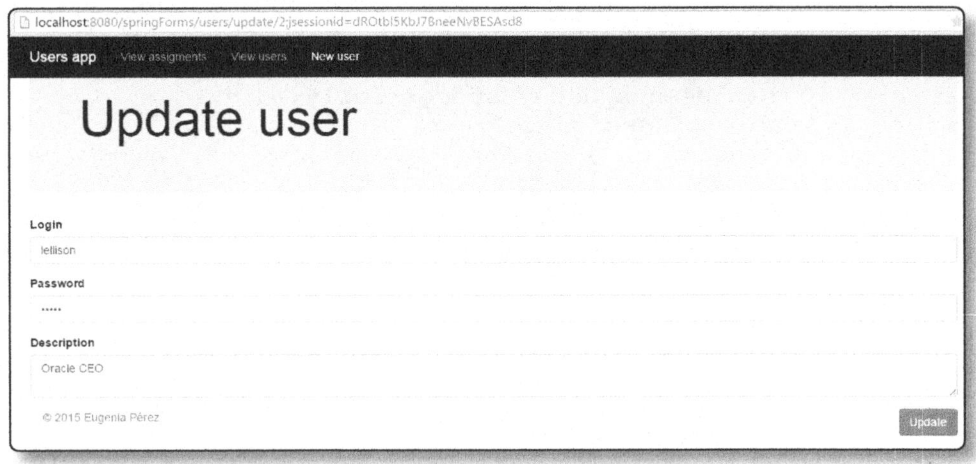

Figura 14.15. Formulario para edición de usuario

Al igual que se explicó en el apartado anterior destinado a la inserción, la información capturada al pulsar el botón de actualización se enviará en forma de acción que responda a una URL específica, esta vez por *POST*, siendo el objeto que ha sido modificado enviado como parámetro al método del controlador. Por lo tanto debemos añadir dicha acción en el controlador:

```
    /**
     * Handles the POST from the Custom.jsp page to
update the User.
     */
   @RequestMapping(value = "/users/saveupdate", method =
RequestMethod.POST)
   public ModelAndView saveUpdate(User user) {
      logger.info("Save update " + user.getId());

      userDAO.update(user.getId(), user);

      ModelAndView modelAndView = new ModelAndView();
         modelAndView.addObject("user", user);

      modelAndView.setViewName("user/saveUpdated");
      return modelAndView;
   }
```

Como se aprecia se modifica el objeto y se carga la siguiente página de actualización:

```
<div class="container">
    <div class="jumbotron">
      <h1>User created</h1>
    </div>
    <div class="alert alert-success" role="alert">The
following user
      has been updated successfully</div>
    <table class="table">
      <thead>
        <tr>
          <th>ID</th>
          <th>Login</th>
          <th>Description</th>
          <th>Password</th>
        </tr>
      </thead>
      <tbody>
        <tr>
          <td>${user.id}</td>
          <td>${user.login}</td>
          <td>${user.description}</td>
          <td>${user.password}</td>
        </tr>
      </tbody>
    </table>
  </div>
```

Cuyo resultado por pantalla es el siguiente:

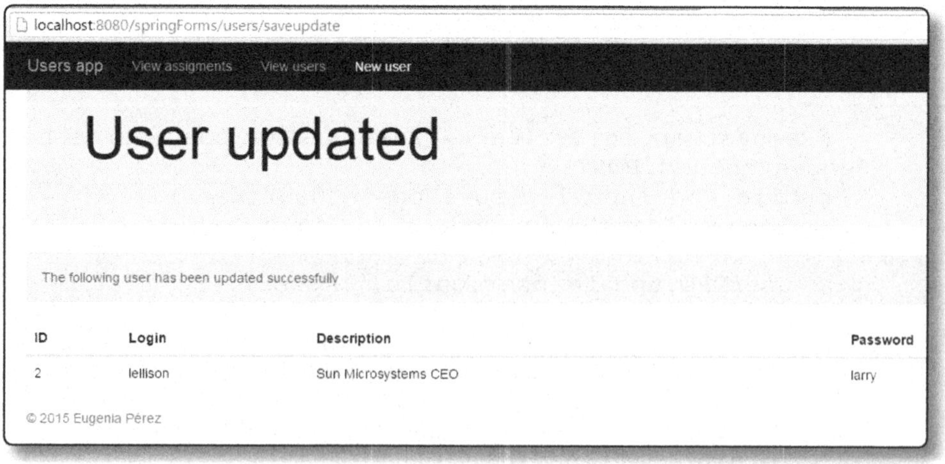

Figura 14.16. Pantalla de confirmación de edición satisfactoria

5.5.5 Borrado

Finalmente se abordará la última de las operaciones CRUD: el borrado de usuarios. Para ello se creará un método en el controlador que responda a la acción indicada en el botón que efectúa la operación de borrado (incluido en la página inicial del listado):

```
<a class="btn btn-sm btn-danger"
 href="<s:url value="/users/delete/${user.id}" />"
title="Delete"> delete</a>
```

Como se aprecia al pulsar sobre el enlace se dirigirá al método del controlador que tiene mapeado el *path /users/delete/id_user*, teniendo en cuenta la importancia de enviar el id del usuario que se desea borrar:

```
    /**
     * Delete the specific user
     */
    @RequestMapping(value = "/users/delete/{id}", method
= RequestMethod.GET)
    public String delete(@PathVariable(value = "id")
Integer userId, Model model) {
        logger.info("Product detail /delete");

        userDAO.delete(userId);
        model.addAttribute("userId", userId);

        return "user/deleted";
    }
```

Una vez eliminado el usuario se conduce a una página donde se indica que la operación de borrado se ha realizado correctamente:

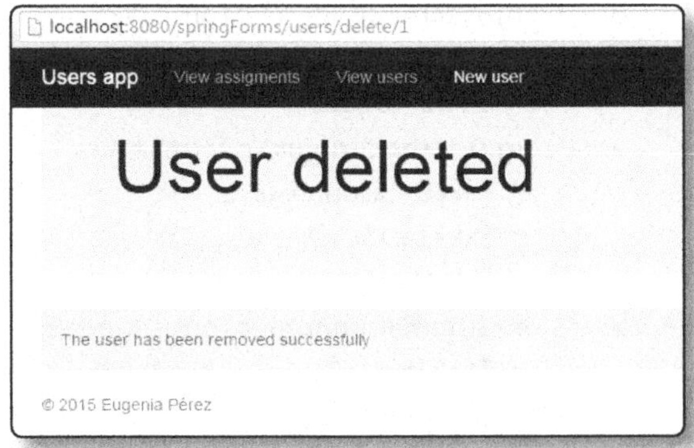

Figura 14.17. Pantalla de confirmación de borrado de usuario satisfactoria

Siendo el código que corresponde con el contenido de la página anterior el siguiente:

```
<div class="container">
     <div class="jumbotron">
        <h1>User deleted</h1>
P    </div>
     <div class="alert alert-success" role="alert">The
user
        ${user.id} has been removed successfully</div>
</div>
```

5.5.6 Ampliación: relaciones uno a muchos

Como ampliación interesante a las operaciones CRUD básicas ilustradas en el apartado anterior, se abordarán las operaciones necesarias para permitir la relación de dos entidades (1-N) entre un usuario y una lista de tareas. Es decir, un *User* tendrá un *set* de *Task*. Las operaciones sobre los usuarios se pueden aprovechar, teniendo en cuenta que además sobre cada tarea se podrán realizar las mismas operaciones que sobre los usuarios.

La dinámica es muy parecida a la anterior pero en este caso deberán existir dos controladores, dos objetos del dominio y dos DAO, propios de cada objeto.

Figura 14.18. Estructura de los ficheros de la aplicación Spring MVC

Para ilustrar de forma más adecuada y concisa los detalles de esta ampliación, se eliminará el estilo proporcionado por *Bootstrap* de las vistas, siendo esta la pantalla del listado de usuarios, con la misma funcionalidad que la del apartado anterior:

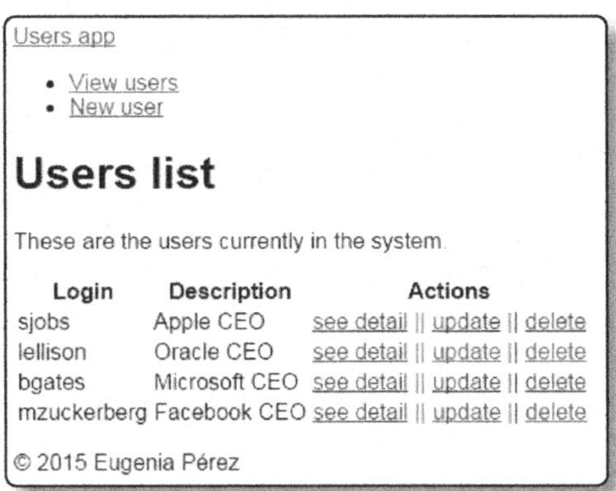

Figura 14.19. Vista del listado de usuarios sin estilo

Cada usuario tendrá, por lo tanto, una lista de tareas asociadas que se podrá gestionar desde el detalle del mismo, de manera que además de sus datos específicos se muestra un formulario para inserción de nuevas tareas, y un listado de las tareas que ya tiene asociadas para ser editadas, borradas o bien consultadas:

Users app

- View users
- New user

Users detail

See this user info

ID Login Description Password
1 sjobs Apple CEO stewie

Tasks

Insert new task

Name [Name]
Description [Description]
Create

These are the tasks for this user.

Id Name Description
2 Plant See detail || Update || Delete
1 Read See detail || Update || Delete

© 2015 Eugenia Pérez

Figura 14.20. Detalle de usuarios para gestionar sus tareas

Se exponen a continuación los aspectos considerados más relevantes a la hora de abordar esta tarea.

El primer aspecto se refiere al vínculo o la relación establecida entre los objetos del modelo de dominio; dentro de la clase usuario se deberá añadir una colección de tareas, con sus *get* y *set*:

```
/**
 * Represents a user.
 *
 * @author Eugenia Pérez Martínez
 *
 */
public class User {

  private int id;
  private String login;
  private String description;
  private String password;
  private Set<Task> tasks = new HashSet<Task>();
    // getters/setters
    ...
}
```

Aunque se podría haber gestionado de forma unidireccional, por comodidad a la hora de manejar los objetos de formularios en vistas, se ha decidido desarrollar una relación bidireccional entre ambas entidades. Por lo que también se añade una referencia a *User* desde *Task*:

```
/**
 * Represents a Task.
 *
 * @author Eugenia Pérez Martínez
 *
 */
public class Task {

  private int id;
  private String name;
  private String description;
  private User user;
    //getters, setters
    ...
}
```

Respecto al controlador de tareas (*TaskController*), seguirá la misma dinámica que el controlador de usuario pero esta vez para el objeto *Task*. Lo que sí varía es el método del detalle de usuario, que debe cargar el objeto que representa a una tarea para ser referenciado por el formulario de creación de tareas de usuario (*modelAttribute*), además del propio objeto usuario:

```
    /**
     * handles default /users/id
     *
     * @param model
     * @return the name of the view to show
RequestMapping({"/users/{id}"})
     */
   @RequestMapping(method = RequestMethod.GET, value = {
"/users/{id}" })
   public String userDetail(@PathVariable(value = "id")
Integer id,
         Map<String, Object> model) {
      logger.info("User detail");

      User user = userDAO.selectById(id);
      //The user gets his own collection of tasks load
      model.put("user", user);

      // We add task for the new task form
      Task task = new Task();
      task.setUser(user);
      model.put("task", task);

      return "user/userDetail";
   }
```

Es también necesario incluir en el fichero *application-config.xml (root-context.xml)* el DAO correspondiente al nuevo objeto *Task*, para que luego los controladores puedan hacer uso de ellos mediante la inyección de dependencias:

```
    <bean id="datasource" class="org.sistema.springmvc.
forms.fakes.FakeDatasource">
   </bean>
   <bean id="userDAO" class="org.sistema.springmvc.
forms.fakes.FakeUserDAO">
      <property name="mockDB" ref="datasource" />
   </bean>
   <bean id="taskDAO" class="org.sistema.springmvc.
forms.fakes.FakeTaskDAO">
      <property name="mockDB" ref="datasource" />
   </bean>
```

Como se aprecia se ha creado una clase *FakeDatasource* para la carga en memoria de la fuente de datos de usuarios y sus tareas asociadas. Dejando la responsabilidad de tareas CRUD propias de cada DAO a las clases *FakeUserDAO* y *FakeTaskDAO*.

Finalmente, la dinámica de la lógica de las vistas es similar a la planteada para las vistas de usuario.

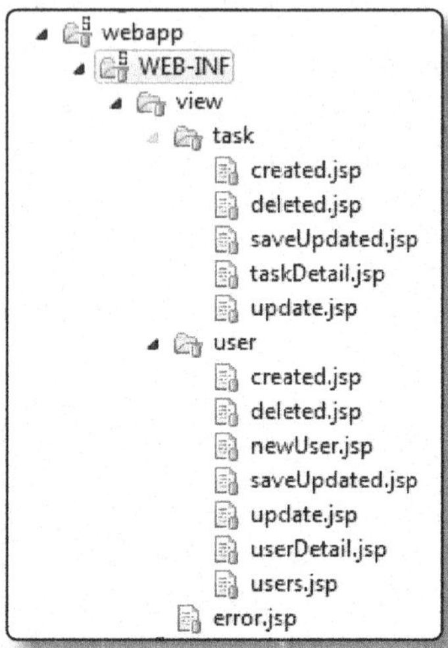

Figura 14.21. Organización de las vistas en la aplicación Spring MVC

Tan solo es importante el correcto manejo de id. Por ejemplo, a la hora de actualizar la tarea, es preciso conocer el id de la tarea a editar, pero también a qué usuario está asociada esa tarea. Una de las formas de realizar lo anterior es a través de un campo desplegable en el propio formulario que se pueda a su vez editar:

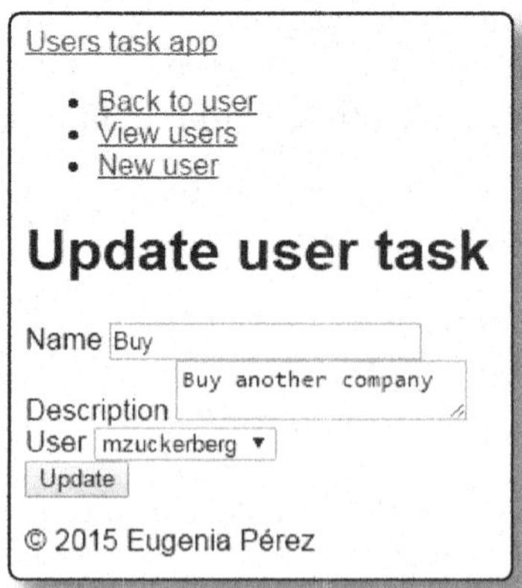

Figura 14.22. Pantalla de actualización de una tarea

El código de la vista sería así:

```
<h1>Update user task</h1>
  <s:url var="action" value="/tasks/saveupdate" />
  <sf:form method="post" action="${action}"
modelAttribute="task">
     <sf:hidden path="id" />
     <div class="form-group">
       <label for="name">Name</label>
       <sf:input path="name" placeholder="name" />
     </div>
     <div class="form-group">
       <label for="description">Description</label>
       <sf:textarea path="description"
placeholder="Description" />
     </div>
     <div class="form-group">
       <label for="user">User</label>
       <sf:select path="user.id">
        <sf:options items="${users}" itemLabel="login"
itemValue="id" />
       </sf:select>
     </div>
     <sf:button>Update</sf:button>
  </sf:form>
```

Para realizar esta operación se debe tener en cuenta que en el controlador que devuelve el formulario de actualización es necesario cargar la lista de usuarios para ser mostrada en el desplegable:

```
    /**
    * Simply selects the update view for tasks
    */
  @RequestMapping(value = "/tasks/update/{id}", method
= RequestMethod.GET)
  public String updateTask(@PathVariable(value = "id")
Integer taskId,
       Model model) {
     logger.info("Showing update task view GET ");
     model.addAttribute("task", taskDAO.
selectById(taskId));
     model.addAttribute("users", userDAO.selectAll());
     return "task/update";
  }
```

Finalmente se debe actualizar tanto los campos de la propia tarea como el usuario a quien le pertenece. Se muestra el fragmento de código que opera sobre la colección en memoria. Cabe destacar que este es un objeto falso que simula un registro almacenado en una tabla de la base de datos. Cuando se realizan operaciones contra base de datos no es necesario atacar la doble direccionalidad programáticamente, sino que se efectúa de un único lado y se aplica la operación en cascada:

```
/**
 * Implements update operation
 */
public void update(Integer id, Task task) {
  List<User> users = mockDB.getMockDB();
  boolean found = false;

  for (User u : users) {
    Iterator<Task> iterator = u.getTasks().
iterator();
    while (!found && iterator.hasNext()){
      Task t = iterator.next();
      if (t.getId() == id) {
        // Remove the task to the previous user
        u.getTasks().remove(t);
        found = true;
      }
    }

    if(u.getId() == task.getUser().getId()){
      //Add the task to the new user
      u.addTask(task);
    }
  }
  }
```

5.6 TAGLIB: SPRING PARA VISTAS

Durante el ejemplo anterior, ya hemos visto cómo crear vistas. Para ello, nos hemos ayudado de varios *tags* que no forman parte de HTML. Estos *tags* tienen distintos orígenes:

5.6.1 JSTL

Dentro de la plataforma Java EE disponemos de las páginas JSP para crear interfaces de usuario para la web. Además de JSP se desarrolló una extensión conocida como JSTL o *JavaServer Pages Standard Tag Library* que aporta hasta cuatro librerías de *tags* con funcionalidades muy útiles en la programación de las páginas web dinámicas.

Las bibliotecas que agrupa JSTL son:

- *core*, condicionales, iteraciones, manipulación de URL y otras funciones.
- *xml*, para la manipulación de XML y para *XML-Transformation*.
- *sql*, para gestionar conexiones a bases de datos.
- *fmt*, para la internacionalización y formateo de las cadenas de caracteres como cifras.

Por ejemplo, la biblioteca *core* ya la hemos utilizado en el ejemplo anterior. Fíjate en que la primera línea de *users.jsp* es la siguiente:

```
<%@ taglib prefix="c" uri="http://java.sun.com/jsp/jstl/
core"%>
```

Mediante esa línea estamos importando el conjunto *core* de *jstl*.

Y luego la utilizamos con el prefijo *c* (podría ser otro de nuestra elección) en etiquetas como *<c:forEach>* o *<c:when>* en *userdetail.jsp*.

Puedes encontrar más información de JSTL y sus *tags* en el siguiente enlace:

http://docs.oracle.com/javaee/5/tutorial/doc/bnakc.html

5.6.2 Spring's Form Tag Library

Spring tiene también una librería de *tags* para suplantar a las etiquetas HTML habituales utilizadas para crear formularios. Estos *tags* nos permiten enriquecer las aplicaciones y hacen más fácil el envío de datos al servidor como objetos ya empaquetados en lugar de datos discretos. En los ejemplos anteriores también hemos utilizado esta librería en la página *newuser.jsp*. Ábrela y busca el siguiente *import* en la cabecera:

```
<%@ taglib prefix="sf" uri="http://www.springframework.
org/tags/form"%>
```

Busca ahora en la página todas las etiquetas con el prefijo *sf*. Son todas etiquetas procedentes de esta librería, como *<sf:form>* o *<sf:input>* que en tiempo de compilación serán traducidas a sus equivalentes en HTML. Puedes ver más en:

http://docs.spring.io/spring/docs/current/spring-framework-reference/html/view.html#view-jsp-formtaglib

5.6.3 Spring.tld

Existen además otro tipo de etiquetas denominadas *spring.tld* destinadas a la evaluación de errores, establecer temas, formateo y escape de mensajes, internacionalización, etc. Para utilizarlas debemos incluir el siguiente *tag* en nuestras JSP:

```
<%@ taglib prefix="s" uri="http://www.springframework.
org/tags"%>
```

Puedes ver más información al respecto en:

http://docs.spring.io/spring/docs/current/spring-framework-reference/html/spring.tld.html

6

INTERNACIONALIZACIÓN Y LOCALIZACIÓN

6.1 INTERNACIONALIZACIÓN DE LOS CONTENIDOS

Lo primero que debemos hacer para internacionalizar una aplicación en Spring MVC es crear los ficheros donde almacenaremos el texto que va a mostrar la aplicación. El ejemplo consistirá en internacionalizar parte de la página de listado de usuario del ejemplo anterior. Internacionalizaremos en dos idiomas: inglés y español.

Así pues, creamos dos ficheros *.properties*, uno por idioma en *src/main/resources*.

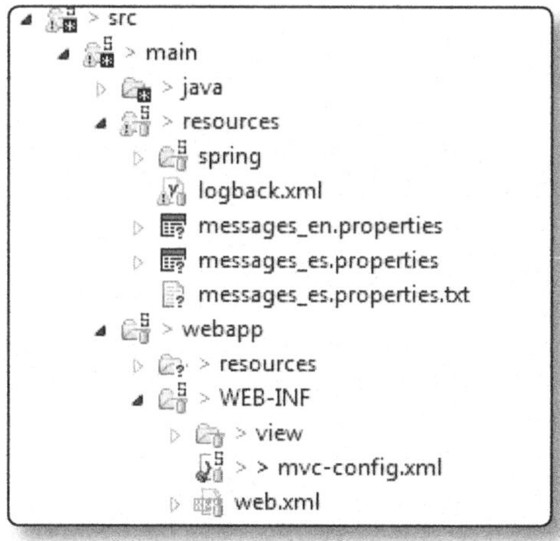

Figura 14.1. Creación de los dos ficheros .properties para los dos idiomas

Se llamarán *messages_{idioma}.properties*. En ellos escribimos los textos a traducir.

messages_en.properties

```
navbar.assignments = View assigments
navbar.users = View users
navbar.newUser = New user
navbar.language = Language
english = English
spanish = Spanish
```

messages_es.properties

```
navbar.assignments = Ver tareas
navbar.users = Listar usuarios
navbar.newUser = Nuevo usuario
navbar.language = Idioma
english = Inglés
spanish = Español
```

A continuación vamos a la página JSP que queramos internacionalizar y sustituimos las apariciones de los textos por un *tag* de Spring para que cargue el texto de uno de los dos ficheros anteriores. Vamos a traducir la barra de menú superior del archivo *users.jsp*.

```
<nav class="navbar navbar-inverse navbar-fixed-top">
  <div class="container">
    <div class="navbar-header">
    <a class="navbar-brand" href="#">Users app</a>
    </div>
    <div id="navbar" class="collapse navbar-collapse">
    <ul class="nav navbar-nav">
      <li><a href="<s:url value="/assignments" />"
      title="<s:message code="navbar.assignments"></
s:message>"><s:message
        code="navbar.assignments"></s:message></a></
li>
      <li class="active"><a href="<s:url value="/
users/" />"
      title="<s:message code="navbar.users"></
s:message>"><s:message
        code="navbar.users"></s:message></a></li>
      <li><a href="<s:url value="/users/new" />"
      title="<s:message code="navbar.newUser"></
s:message>"><s:message
```

```
            code="navbar.newUser"></s:message></a></li>
        </ul>
        <ul class="nav navbar-nav navbar-right">
          <li class="dropdown"><a href="#"
class="dropdown-toggle"
          data-toggle="dropdown" role="button" aria-
expanded="true"><s:message
            code="navbar.language"></s:message> <span
class="caret"></span>
          </a>
          <ul class="dropdown-menu" role="menu">
            <li><a href="?locale=en"><img src="blank.gif"
              class="flag flag-gb"
              alt="<s:message code="english"></
s:message>" /> <s:message
              code="english"></s:message></a></li>
            <li><a href="?locale=es"><img src="blank.gif"
              class="flag flag-es"
              alt="<s:message code="spanish"></
s:message>" /> <s:message
              code="spanish"></s:message></a></li>
          </ul></li>
        </ul>
        </div>
        <!--/.nav-collapse -->
      </div>
     </nav>
```

Para cargar el texto de los ficheros *properties* utilizamos el siguiente *tag*:

```
<s:message code="navbar.assignments">
```

Con esto le decimos que vaya al *properties* correspondiente y cargue el valor de la clave *navbar.assignments*.

Ahora debemos añadir varias cosas al fichero *mvc-config.xml*:

```
  <bean id="messageSource"
class="org.springframework.context.support.
ReloadableResourceBundleMessageSource">
      <property name="basename"
value="classpath:messages" />
      <property name="defaultEncoding" value="UTF-8" />
  </bean>

  <bean id="localeResolver"
      class="org.springframework.web.servlet.i18n.
```

```
SessionLocaleResolver">
        <property name="defaultLocale" value="en" />
    </bean>

    <!-- Gets locale from user request (accept-language
HTTP header) -->
    <!--   <bean id="localeResolver" -->
    <!--       class="org.springframework.web.servlet.
i18n.AcceptHeaderLocaleResolver">    -->
    <!--   </bean> -->

    <mvc:interceptors>
        <bean
        class="org.springframework.web.servlet.i18n.
LocaleChangeInterceptor">
            <property name="paramName" value="locale" />
        </bean>
    </mvc:interceptors>
```

Que sirven para:

- *messageSource*: le decimos dónde debe buscar los ficheros de traducciones y qué nombre tienen, además de su codificación de caracteres.
- *localeResolver*: sirve para crear automáticamente una *cookie* que almacena el idioma seleccionado por el usuario para que en futuras peticiones se le muestre el contenido en su idioma sin necesidad de volver a elegirlo. Además le estamos estableciendo el idioma por defecto de la aplicación a inglés. Si este *bean* no es declarado, por defecto Spring utilizará *AcceptHeaderLocaleResolver*, que coge el idioma del navegador del usuario leyendo el campo *accept-language* de la cabecera HTTP de la petición. No obstante esta estrategia tiene la desventaja de que luego no se puede cambiar el idioma de la página mediante un selector de idioma.
- *mvc:interceptors*: intercepta cada petición del usuario e identifica el idioma. El idioma vendrá dado por un parámetro de nombre *locale* en la *request*.

Una vez hecho esto, deberíamos ser capaces de ver la aplicación en los distintos idiomas utilizando el parámetro de la URL. Por ejemplo, si introducimos la siguiente:

http://localhost:8081/springInternationalization/users?locale=es

Veremos los contenidos en español (lo que hayamos traducido).

Figura 14.2. Parte del menú superior internacionalizada

Puedes probar a borrar la *cookie* del sitio desde el navegador para comprobar que los contenidos vuelven a mostrarse en inglés.

6.2 CARGANDO LOS CONTENIDOS EN FUNCIÓN DEL IDIOMA

Ahora bien, la internacionalización ya está casi completa, pero para que sea usable para los usuarios finales debe haber un selector de idioma. Puedes ver en la imagen anterior que se ha añadido a la barra superior un selector de idioma en la parte derecha. Son enlaces que cargan la página actual pasándole el parámetro adecuado.

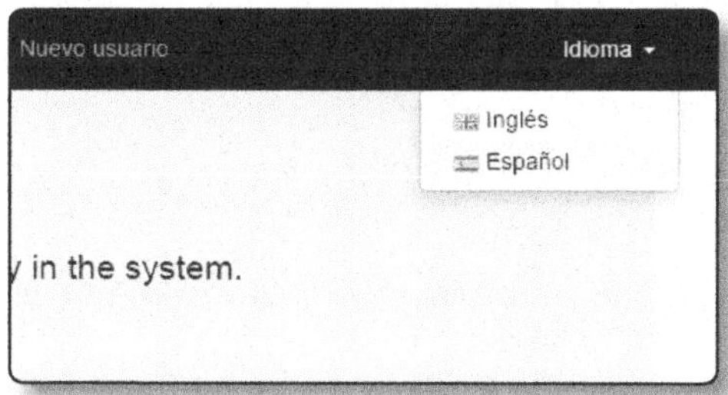

Figura 14.3. Menú con selectores de idioma

Así facilitamos la selección de idioma sin que el usuario tenga la necesidad de saber cómo se llama el parámetro necesario.

7

VALIDACIÓN DE FORMULARIOS

La base de las aplicaciones web es la arquitectura cliente servidor, en la que las peticiones viajan desde el cliente al servidor, este las resuelve y envía de vuelta la respuesta al cliente. Esas peticiones del cliente al servidor pueden contener información muy variopinta, con lo que es muy importante que la información sea validada a fin de no caer en errores o inconsistencias.

A menudo cuando se piensa en validación se suele prestar más atención a la validación en el cliente, ya que es aquella que vuelve la aplicación más usable dando un *feedback* inmediato a los usuarios. No obstante, como ya veremos, esta validación puede ser burlada fácilmente, lo cual hace que la validación más prioritaria deba ser aquella que se produce en el servidor.

7.1 VALIDACIÓN SERVIDOR

Debemos comenzar añadiendo las dependencias necesarias a nuestro fichero *pom.xml*.

```
<dependency>
   <groupId>javax.validation</groupId>
   <artifactId>validation-api</artifactId>
   <version>1.0.0.GA</version>
</dependency>
<dependency>
   <groupId>org.hibernate</groupId>
   <artifactId>hibernate-validator-annotation-
processor</artifactId>
   <version>4.1.0.Final</version>
</dependency>
```

Las reglas de validación recaen sobre cada entidad. Por eso, si queremos por ejemplo validar el formulario de creación de nuevos usuarios, lo que queremos validar realmente son los distintos campos del usuario, que coinciden con los atributos de la clase *User*. Es por ello que queremos definir cuándo un usuario es válido o no, y luego reutilizar estas reglas en todas las partes de la aplicación en las que queramos validar usuarios. Por tanto, podemos añadir las siguientes reglas a la clase *User*:

```
/**
 * Represents a user.
 *
 * @author Eugenia Pérez Martínez
 * @email eugenia_perez@cuatrovientos.org
 */
public class User {

  private int id;

  @Size(min = 4, max = 15, message = "Login must be
between 4 and 15 characters long")
  @Pattern(regexp = "[A-Za-z0-9]+", message = "Must
contain only chars and numbers")
  private String login;

  @Size(min = 6, max = 15, message = "Password must be
between 6 and 15 characters long")
  private String password;

  @Size(max=255,message="Description must be between 10
and 255 characters long")
  private String description;
...
}
```

Las reglas definidas son:

- *Login*: debe tener entre 4 y 15 caracteres (por lo tanto es requerido) y estar formado solo por números y letras (mediante expresión regular).
- *Password*: debe tener entre 6 y 15 caracteres (por tanto, requerida).
- *Description*: no puede tener más de 255 caracteres (no es requerida).

Fíjate que además de definir las reglas de validación, hemos indicado mensajes de error a mostrar en caso de que ese error se produzca.

A continuación debemos indicarle a la aplicación cuándo queremos realizar esta validación. Hemos quedado en que debíamos validar el formulario de alta de usuarios, así que modificamos la acción que recibe los datos del formulario de la siguiente manera:

```
  @RequestMapping(method = RequestMethod.POST, value =
{ "/users/new" })
  public ModelAndView createUser(@Valid User user,
BindingResult bindingResult) {
      ModelAndView modelAndView = new ModelAndView();

      if (bindingResult.hasErrors()) {
        modelAndView.setViewName("user/newuser");
        modelAndView.addObject("user", user);
        return modelAndView;
      }

      if (userDAO.create(user) > 0) {
        // We return view name
        modelAndView.setViewName("user/created");
        modelAndView.addObject("user", user);
      } else {
        modelAndView.setViewName("error");
        modelAndView
            .addObject("error",
            "An error ocurred while trying to create a new
user. Please, try again");
      }
      return modelAndView;
  }
```

Observa los parámetros que recibe la acción. Antes solo recibía el *user* del formulario, pero ahora además le estamos diciendo que ese *user* debe ser *@ Valid*. Esto provocará que Spring realice las validaciones de esa instancia contra las reglas recién creadas en la clase *User*. Además, aparece un segundo parámetro de tipo *BindingResult*, que almacenará los resultados de realizar dicha validación (si es correcta o no, qué atributos fallaron, mensajes de error, etc.). Este objeto lo utilizamos para que en caso de que haya errores, enviamos la petición de vuelta al formulario para mostrar los errores producidos. Para mostrar esos errores podemos hacer uso de un *tag* de *Spring forms* llamado *errors*:

```
<%@ taglib prefix="c" uri="http://java.sun.com/jsp/jstl/
core"%>
<%@ taglib prefix="s" uri="http://www.springframework.
org/tags"%>
<%@ taglib prefix="sf" uri="http://www.springframework.
org/tags/form"%>
<%@ page language="java" contentType="text/html;
charset=UTF-8"
  pageEncoding="UTF-8"%>
<!DOCTYPE html>
<html>
<head>
<meta charset="utf-8">
<meta http-equiv="X-UA-Compatible" content="IE=edge">
<meta name="viewport" content="width=device-width,
initial-scale=1">
<title>Spring forms :: Users</title>

<!-- Bootstrap -->
<link
  href="//maxcdn.bootstrapcdn.com/bootstrap/3.3.1/css/
bootstrap.min.css"
  rel="stylesheet">
<link href="<c:url value="/resources/css/style.css" />"
rel="stylesheet">
</head>
<body>
  <nav class="navbar navbar-inverse navbar-fixed-top">
    <div class="container">
      <div class="navbar-header">
        <a class="navbar-brand" href="#">Users app</a>
      </div>
      <div id="navbar" class="collapse navbar-collapse">
        <ul class="nav navbar-nav">
          <li><a href="<s:url value="/assignments" />"
            title="View Users">View assigments</a></li>
          <li><a href="<s:url value="/users/" />"
title="View users">View
              users</a></li>
          <li class="active"><a href="<s:url value="/
users/new" />"
            title="New user">New user</a></li>
        </ul>
      </div>
      <!--/.nav-collapse -->
```

```
      </div>
   </nav>
   <div class="container">
      <div class="jumbotron">
         <h1>New user</h1>
         <p>See this user info</p>
      </div>
      <sf:form method="post" modelAttribute="user">
         <div class="form-group">
            <label for="login">Login</label>
            <sf:input path="login" class="form-control"
placeholder="Login" />
            <sf:errors path="login" cssClass="error" />

         </div>
         <div class="form-group">
            <label for="password">Password</label>
            <sf:input path="password" class="form-control"
type="password"
               placeholder="Password" />
            <sf:errors path="password" cssClass="error" />
         </div>
         <div class="form-group">
            <label for="description">Description</label>
            <sf:textarea path="description" class="form-
control"
               placeholder="Description" />
            <sf:errors path="description" cssClass="error"
/>
         </div>
         <sf:button class="btn btn-primary pull-
right">Create</sf:button>
      </sf:form>
   </div>
   <footer class="footer">
      <div class="container">
         <p class="text-muted">&copy; 2015 Eugenia
Pérez</p>
      </div>
   </footer>
</body>
</html>
```

En un principio estos mensajes estarán ocultos, pero si hay errores de validación, aparecerán en forma de *span* de HTML. Además, les hemos añadido una clase CSS error para mostrarlos en color rojo.

```
.error {
  color: #D80000;
}
```

Este sería el resultado en caso de intentar enviar el formulario vacío:

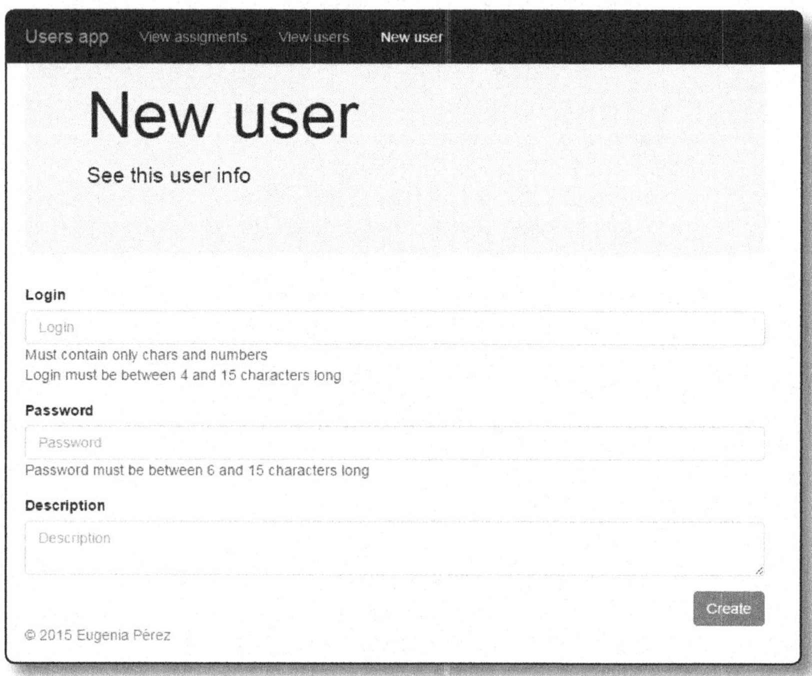

Figura 14.1. Resultado de la validación de campos de formulario en entorno servidor

7.2 VALIDACIÓN CLIENTE

La validación en el cliente hay que realizarla con tecnología cliente, es decir, con JavaScript. Antes de empezar, cabe volver a destacar que la validación cliente sirve para mejorar la usabilidad y la experiencia de usuario, pero en ningún modo es suficiente por sí misma o sustituye a la validación en el servidor. De hecho, la que debe estar siempre presente sí o sí es la validación en el servidor, ya que la acción para guardar usuarios está accesible a través de Internet, y podría ser consumida o accedida de muchas más maneras aparte de desde nuestro formulario.

En lugar de utilizar JavaScript sin más, usaremos una librería para facilitarnos el trabajo. Concretamente jQuery, extendida con un *plugin* de validación.

http://docs.jquery.com/Plugins/Validation

Comenzamos incluyendo en la página de *newuser.jsp* las dos referencias que necesitamos:

```
<script src="//code.jquery.com/jquery-1.11.2.min.js"></
script>
<script
 src="http://ajax.aspnetcdn.com/ajax/jquery.
validate/1.13.1/jquery.validate.min.js">
</script>
```

Además de estas dos referencias, añadiremos otra a un fichero JS que crearemos en el que ubicaremos toda nuestra lógica de validación.

```
<script
 src="<c:url value="/resources/js/validateUserForm.js"
/>">
</script>
```

El fichero *validateUserForm* es el siguiente:

```
/**
 * Validates the create user form using jQuery
validation plugin.
 *
 * @author Eugenia Pérez Martínez
*/
$.validator.addMethod("loginFormat", function(value,
element) {
   return this.optional(element) || /^[A-Za-z0-9]+$/.
test(value);
}, "Must contain only chars and numbers");

var validator = $("#createUserForm").validate({
   // Define the rules of the form
   rules : {
      login : {
         required : true,
```

```
            minlength : 4,
            maxlength : 15,
            loginFormat : true
        },
        password : {
            required : true,
            minlength : 6,
            maxlength : 15
        },
        description : {
            maxlength : 255
        }
    },
    // Define the messages for the rules
    messages : {
        login : {
            required : "Enter a login",
            minlength : $.validator.format("Enter at least
{0} characters"),
            maxlength : $.validator.format("Enter less than
{0} characters"),
        },
        password : {
            required : "Provide a password",
            minlength : $.validator.format("Enter at least
{0} characters"),
            maxlength : $.validator.format("Enter less than
{0} characters"),
        },
        description : {
            maxlength : $.validator.format("Enter less than
{0} characters"),
        }
    },
    errorPlacement : function(error, element) {
        error.insertAfter(element);
    },
    submitHandler : function(form) {
        form.submit();
    }
});
```

El método *validate* al que invocamos recibe:

- *rules*: indicamos, por cada campo a validar (indicando su ID), qué reglas de validación debe cumplir. Son las mismas que definimos en el servidor. Es de especial interés la regla *loginFormat* para el *login* que hemos creado para validar un campo con una expresión regular.

- *messages*: por cada campo y regla definimos el mensaje a mostrar en caso de error.

- *errorPlacement*: mediante jQuery definimos dónde se va a crear el elemento con el mensaje de error correspondiente.

- *submitHandler*: qué hacer en caso de que se pase la validación satisfactoriamente.

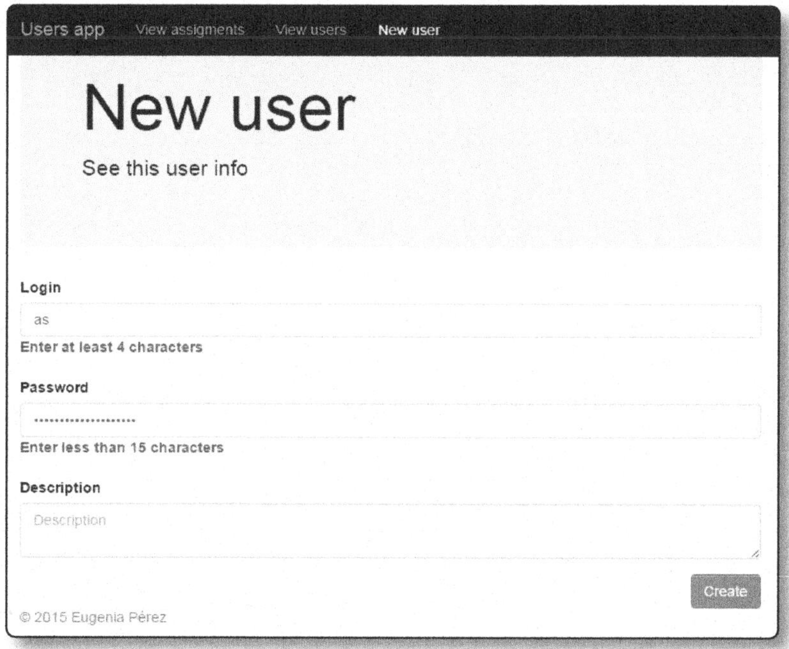

Figura 14.2. Resultado de la validación de campos de formulario en entorno cliente

8

COMPARTIENDO HTML MEDIANTE LAYOUTS

Ha llegado ya el momento en el que hemos creado varias vistas en nuestra aplicación de ejemplo. Todas estas vistas tienen una estructura común, ya que constan de barra de menú, cuerpo y pie de página. Hasta ahora, hemos estado repitiendo el código en todas las JSP, pero es obvio que esto no es lo ideal, ya que si posteriormente queremos hacer cualquier modificación por ejemplo en la barra de navegación, habría que propagar dicho cambio a todas las páginas de nuestra aplicación (y en una aplicación grande hay muchas páginas).

Es por ello que se suelen utilizar *layouts* que definan el esqueleto general de las páginas, y luego cada vista define solo aquellas partes que las caractericen.

8.1 APACHE TILES

Para conseguir esto, Spring MVC puede integrarse con muchos motores de plantillas distintas. A continuación mostraremos el uso de Apache Tiles, ya que es uno de los más maduros (lleva mucho tiempo en el mercado, al haber nacido con Struts 1).

Para utilizarlo, debemos primero de todo añadir la dependencia en nuestro fichero *pom.xml*:

```
<dependency>
  <groupId>org.apache.tiles</groupId>
  <artifactId>tiles-extras</artifactId>
  <version>3.0.5</version>
</dependency>
```

A continuación, añadir los siguientes *beans* que nos permitirán utilizar Apache Tiles.

```
<bean id="viewResolver"
  class="org.springframework.web.servlet.view.tiles3.
TilesViewResolver" />

<!-- Helper class to configure Tiles 3.x for the Spring
Framework -->
<!-- See http://static.springsource.org/spring/
docs/3.0.x/javadoc-api/org/springframework/web/servlet/
view/tiles2/TilesConfigurer.html -->
<!-- The actual tiles templates are in the tiles-
definitions.xml -->
<bean id="tilesConfigurer"
  class="org.springframework.web.servlet.view.tiles3.
TilesConfigurer">
  <property name="definitions">
    <list>
      <value>/WEB-INF/tile-defs/definitions.xml</value>
    </list>
  </property>
</bean>
```

En el segundo *bean*, le estamos diciendo dónde definimos cómo se va a estructurar nuestro *layout*, mediante el fichero *definitions.xml*. Veamos de qué se compone este archivo:

```
<?xml version="1.0" encoding="UTF-8" ?>
<!DOCTYPE tiles-definitions PUBLIC "-//Apache Software
Foundation//DTD Tiles Configuration 3.0//EN" "http://
tiles.apache.org/dtds/tiles-config_3_0.dtd">
<tiles-definitions>
  <definition name="defaultTemplate" template="/WEB-INF/
templates/template.jsp">
    <put-attribute name="header" value="/WEB-INF/
templates/header.jsp" />
    <put-attribute name="body" value="" />
    <put-attribute name="footer" value="/WEB-INF/
templates/footer.jsp" />
    <put-attribute name="pageScripts" value="" />
  </definition>
</tiles-definitions>
```

En este archivo estamos creando una plantilla a partir de un fichero *template.jsp*. Además, estamos indicando que esta plantilla se compone de 4 partes, 2 de las cuales no van a variar, es decir, el *header* y el *footer* serán comunes para todas las vistas que utilicen la *defaultTemplate*. Luego podremos inyectar el código específico de cada vista en las secciones *body* y *pageScripts*.

Veamos la página *template.jsp* que definirá el esqueleto de nuestras vistas:

```
<%@ taglib uri="http://tiles.apache.org/tags-tiles"
prefix="tiles"%>
<%@ taglib prefix="c" uri="http://java.sun.com/jsp/jstl/
core"%>
<%@ taglib prefix="s" uri="http://www.springframework.
org/tags"%>
<%@ page language="java" contentType="text/html;
charset=UTF-8"
  pageEncoding="UTF-8"%>
<!DOCTYPE html>
<html>
<head>
<title><tiles:insertAttribute name="title"
ignore="true" /></title>
<meta charset="utf-8">
<meta http-equiv="X-UA-Compatible" content="IE=edge">
<meta name="viewport" content="width=device-width,
initial-scale=1">
<link
  href="//maxcdn.bootstrapcdn.com/bootstrap/3.3.1/css/
bootstrap.min.css"
  rel="stylesheet">
<link href="<c:url value="/resources/css/style.css" />"
rel="stylesheet">
</head>
<body>
  <tiles:insertAttribute name="header" />
  <div class="container">
    <tiles:insertAttribute name="body" />
  </div>
  <tiles:insertAttribute name="footer" />
  <tiles:insertAttribute name="pageScripts" />
</body>
</html>
```

Esta página contiene toda la estructura de un documento HTML, con el *head* al completo, las referencias a *css* y la definición del orden en el que aparecerá cada una de las secciones de las vistas.

Veamos la página *header.jsp*:

```
<%@ taglib prefix="s" uri="http://www.springframework.
org/tags"%>
<nav class="navbar navbar-inverse navbar-fixed-top">
  <div class="container">
    <div class="navbar-header">
  <a class="navbar-brand" href="#">Users app</a>
    </div>
    <div id="navbar" class="collapse navbar-collapse">
  <ul class="nav navbar-nav">
    <li><a href="<s:url value="/assignments" />"
      title="<s:message code="navbar.assignments"></
s:message>"><s:message
      code="navbar.assignments"></s:message></a></li>
    <li><a href="<s:url value="/users/" />"
      title="<s:message code="navbar.users"></
s:message>"><s:message
      code="navbar.users"></s:message></a></li>
    <li><a href="<s:url value="/users/new" />"
      title="<s:message code="navbar.newUser"></
s:message>"><s:message
      code="navbar.newUser"></s:message></a></li>
  </ul>
  <ul class="nav navbar-nav navbar-right">
    <li class="dropdown"><a href="#" class="dropdown-
toggle"
      data-toggle="dropdown" role="button" aria-
expanded="true">
<s:message code="navbar.language"></s:message> <span
class="caret"></span> </a>
      <ul class="dropdown-menu" role="menu">
    <li><a href="?locale=en"><img src="blank.gif"
        class="flag flag-gb"
        alt="<s:message code="english"></s:message>"
/> <s:message
      code="english"></s:message></a></li>
    <li><a href="?locale=es"><img src="blank.gif"
        class="flag flag-es"
        alt="<s:message code="spanish"></s:message>"
/> <s:message
      code="spanish"></s:message></a></li>
      </ul></li>
  </ul>
    </div>
```

```
    <!--/.nav-collapse -->
  </div>
</nav>
```

Como se puede ver, hemos metido todo lo que va dentro de las etiquetas *<nav>*, que corresponde a la barra de menú negra de la parte superior de la pantalla.

En el *footer.jsp* tendremos lo siguiente:

```
<footer class="footer">
  <div class="container">
    <p class="text-muted">&copy; 2015 Eugenia Pérez</p>
  </div>
</footer>
<script src="//code.jquery.com/jquery-1.11.2.min.js"></
script>
<script
 src="//maxcdn.bootstrapcdn.com/bootstrap/3.3.1/js/
bootstrap.min.js"></script>
<script
 src="http://ajax.aspnetcdn.com/ajax/jquery.
validate/1.13.1/jquery.validate.min.js">
</script>
```

Aquí aparece la parte inferior de la página junto con las referencias a varias librerías JavaScript que utilizaremos a lo largo de la aplicación.

Por último, veremos una vista, para ver cómo solo define el *body*, que es la parte que realmente varía en cada una. Adicionalmente, también define *pageScripts* para incluir una referencia a un fichero JavaScript que solo esta vista utiliza:

```
<%@ taglib uri="http://tiles.apache.org/tags-tiles"
prefix="tiles"%>
<%@ taglib prefix="c" uri="http://java.sun.com/jsp/jstl/
core"%>
<%@ taglib prefix="sf" uri="http://www.springframework.
org/tags/form"%>
<tiles:insertDefinition name="defaultTemplate">
  <tiles:putAttribute name="body">
    <div class="jumbotron">
  <h1>New user</h1>
  <p>See this user info</p>
    </div>
    <sf:form id="createUserForm" method="post"
modelAttribute="user">
  <div class="form-group">
    <label for="login">Login</label>
    <sf:input path="login" class="form-control"
placeholder="Login" />
```

```
        <sf:errors path="login" cssClass="error" />
      </div>
      <div class="form-group">
        <label for="password">Password</label>
        <sf:input path="password" class="form-control" 
type="password"
            placeholder="Password" />
        <sf:errors path="password" cssClass="error" />
      </div>
      <div class="form-group">
        <label for="description">Description</label>
        <sf:textarea path="description" class="form-
control"
            placeholder="Description" />
        <sf:errors path="description" cssClass="error" />
      </div>
      <sf:button class="btn btn-primary pull-
right">Create</sf:button>
        </sf:form>
      </tiles:putAttribute>
      <tiles:putAttribute name="pageScripts">
        <script src="<c:url value="/resources/js/
validateUserForm.js" />"></script>
      </tiles:putAttribute>
    </tiles:insertDefinition>
```

Como se puede ver, con *insertDefinition* le decimos qué plantilla utiliza esta página, y con *putAttribute* vamos insertando el código de las secciones que queremos redefinir para la misma.

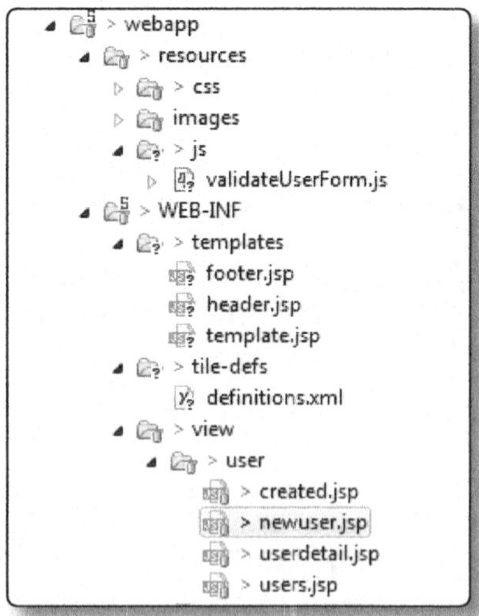

Figura 14.1. División de secciones en vistas mediante layouts

9

INTEGRACIÓN DE SPRING CON HIBERNATE

9.1 LA CAPA DE PERSISTENCIA

Spring MVC es un *framework* que tiene como una de sus prioridades la fácil integración con librerías externas para extender su funcionalidad. Lo hemos visto en el capítulo anterior con el ejemplo de creación de *layouts* mediante Apache Tiles.

Para la capa de persistencia hemos visto cómo utilizar JDBC. No obstante, hoy en día la utilización de ORM es un patrón común por sus múltiples ventajas. A continuación veremos cómo integrar Hibernate en un proyecto Spring MVC. Para ello seguiremos evolucionando el ejemplo que hemos estado usando durante los últimos capítulos. Ese ejemplo ya cuenta con DAO (*UserDAO*), aunque su implementación es un poco básica. No obstante, el haber realizado ya ese diseño debería ahora facilitarnos mucho introducir una nueva implementación de ese *UserDAO* mediante Hibernate, hasta el punto de no ser necesario modificar otras partes de la aplicación.

Una vez que el proyecto está desplegado, y se accede a la URL *http://localhost:8080/springHibernate/*, se observa cómo la aplicación ofrece efectivamente la misma funcionalidad que la del ejemplo básico de Spring MVC. Sin embargo, dado que en el fichero de configuración que establece los parámetros de la base de datos se ha especificado la creación de la tabla cada vez que se produce el despliegue, esta permanecerá vacía inicialmente.

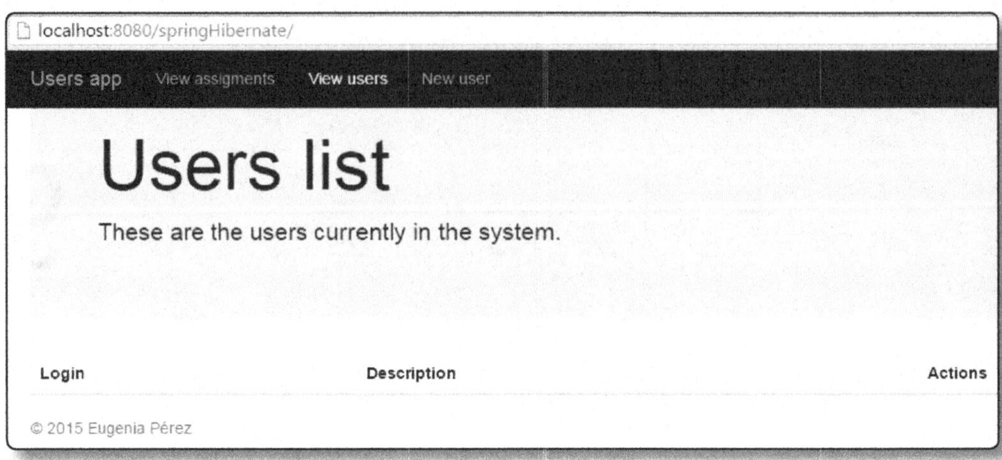

Figura 14.1. Pantalla inicial del listado de usuarios

Comenzamos creando una implementación de *UserDAO* utilizando esta vez Hibernate. La llamaremos *HibernateUserDAO*:

```
package org.sistema.springmvc.dao.impl;

import java.util.List;
import org.hibernate.Session;
import org.hibernate.SessionFactory;
import org.sistema.springmvc.dao.UserDAO;
import org.sistema.springmvc.models.User;
import org.springframework.stereotype.Repository;
import org.springframework.transaction.annotation.
Transactional;

/**
 * Hibernate implementation for a UserDAO.
 *
 * @author Eugenia Pérez Martínez.
 *
 */
public class HibernateUserDAO implements UserDAO {

  private SessionFactory sessionFactory;

  public SessionFactory getSessionFactory() {
    return sessionFactory;
  }
```

```
    public void setSessionFactory(SessionFactory
sessionFactory) {
        this.sessionFactory = sessionFactory;
    }

    /**
     * gives hibernate3 Session
     *
     * @return current hibernate Session
     */
    private Session getSession() {
        return sessionFactory.getCurrentSession();
    }

    @Transactional
    public int insert(User user) {
        int id = (Integer) getSession().save(user);
        user.setId(id);

        return id;
    }

    @Transactional(readOnly = true)
    public User selectById(Integer id) {
        User user = (User) getSession().get(User.class,
id);

        return user;
    }

    @SuppressWarnings("unchecked")
    @Transactional(readOnly = true)
    public List<User> selectAll() {
        List<User> users = null;
        users = getSession().createQuery("from User").
list();
        return users;
    }

    @Transactional
    public void delete(Integer id) {
        User user = (User) getSession().load(User.class,
id);
        getSession().delete(user);
    }
```

```
    @Transactional
    public void update(User user) {
        getSession().merge(user);
    }
}
```

Como vemos la implementación es muy sencilla. Hay varias cosas a destacar:

- *Transactional*: mediante anotaciones le estamos diciendo que cada método se realiza en una transacción. Además, también le decimos qué transacciones son de solo lectura y cuáles no.
- *SessionFactory*: utilizamos una *sessionFactory* que inyectaremos mediante Spring.

Se presentan ahora las dependencias añadidas en el fichero *pom.xml* para dicho propósito:

```
  <!-- Spring and Transactions -->
<dependency>
  <groupId>org.springframework</groupId>
  <artifactId>spring-tx</artifactId>
  <version>${spring-framework.version}</version>
</dependency>
<dependency>
  <groupId>org.springframework</groupId>
  <artifactId>spring-jdbc</artifactId>
  <version>${spring-framework.version}</version>
</dependency>
<dependency>
  <groupId>org.springframework</groupId>
  <artifactId>spring-orm</artifactId>
  <version>${spring-framework.version}</version>
</dependency>
<!-- Hibernate -->
<dependency>
  <groupId>org.hibernate</groupId>
  <artifactId>hibernate-core</artifactId>
  <version>${hibernate.version}</version>
</dependency>
<dependency>
  <groupId>org.hibernate</groupId>
  <artifactId>hibernate-entitymanager</artifactId>
  <version>${hibernate.version}</version>
```

```
</dependency>
  <!-- MySQL -->
<dependency>
  <groupId>mysql</groupId>
  <artifactId>mysql-connector-java</artifactId>
  <version>5.1.10</version>
</dependency>
```

Se pueden ver, entre otras, las siguientes dependencias añadidas:

- spring-jdbc
- spring-tx
- spring-orm
- mysql-connector-java
- hibernate-core

Mientras que *mvc-config.xml* o bien *servlet-context.xml* permanece casi inalterado, siendo la única consideración a tener en cuenta que el contexto base debe variar a aquel que reúna todas las clases que van a ser anotadas:

```
<context:component-scan base-package="org.sistema.
springmvc" />
```

Se debe incluir la siguiente información de configuración de la base de datos en el fichero *application-context.xml* o en *root-context.xml*:

- Las transacciones van a ser anotadas:

```
<tx:annotation-driven transaction-
manager="transactionManager" />
```

- El *datasource* para establecer los parámetros necesarios de la conexión:

```
<!-- We define a Bean for datasource (MySQL) -->
<bean id="dataSource"
class="org.springframework.jdbc.datasource.
DriverManagerDataSource">
 <property name="driverClassName" value="com.mysql.
jdbc.Driver" />
 <property name="url" value="jdbc:mysql://
localhost:3306/usersApp" />
 <property name="username" value="root" />
 <property name="password" value="" />
   </bean>
```

- El *sessionFactory* con las propiedades propias de Hibernate:

```
<!-- We create Hibernate's SessionFactory bean to get
a Hibernate session
   in our program. If you pay attention you'll
realize that this bean config
   is somehow like the hibernate.cfg.xml
configuration. We don't need to   create
   that file now. -->
<bean id="sessionFactory"
   class="org.springframework.orm.hibernate4.
LocalSessionFactoryBean">
   <property name="dataSource" ref="dataSource" />
   <property name="annotatedClasses">
      <list>
         <value>org.sistema.springmvc.models.User</
value>
      </list>
   </property>
   <property name="hibernateProperties">
      <props>
         <prop key="hibernate.show_sql">true</prop>
         <prop    key="hibernate.dialect">org.
hibernate.dialect.MySQLDialect</prop>
<!--            <prop key="hibernate.dialect">org.
hibernate.dialect.HSQLDialect</prop> -->
         <prop key="hibernate.hbm2ddl.auto">create-
drop</prop>
      </props>
   </property>
</bean>
```

En él se incluye el *datasource* previamente configurado y la forma de persistir las entidades:

- Mediante anotaciones: <property name=*"annotatedClasses"*>.
- Mediante ficheros XML: <property name="*mappingResources*">.

También se definen propiedades de configuración de Hibernate:

- *hibernate.show_sql*: si se establece a *true*, se mostrará por consola el código SQL resultante de las operaciones contra base de datos.

- *hibernate.dialect*: variante de SQL o dialecto que utilizará Hibernate para comunicarse con la base de datos en el SGBD específico.

- *hibernate.hbm2ddl.auto*: permite la generación automática de las tablas del esquema de la base de datos a partir de lo indicado bien en los ficheros de mapeo o en las anotaciones. Hibernate es capaz de crear las tablas de la aplicación *on the fly*, en caso de que no existan, solo con leer dicha configuración. Para ello es muy importante tener claro los distintos valores que se pueden aplicar a esta propiedad *hbm2ddl.auto*:
  - *validate*: valida el esquema de la BD pero sin realizar cambios en la información.
  - *update*: solo actualiza la BD una vez ha sido creado el esquema.
  - *create*: borra el esquema existente y crea uno nuevo.
  - *create-drop*: crea una nueva BD y la elimina cuando la *SessionFactory* es destruida.
  - *create-drop* es la opción por defecto de la plantilla ejemplo, pero si solo vamos a añadir datos sin modificar las tablas, lo ideal es ponerla a *update*. Es importante considerar el valor de este parámetro en el sistema en producción.

Se debe incluir también el *bean* de *transactionManager*, sin olvidarnos de incluir los DAO que se utilizarán y de inyectarles el *sessionFactory*:

```
<bean id="transactionManager"
   class="org.springframework.orm.hibernate4.
HibernateTransactionManager">
   <property name="sessionFactory"
ref="sessionFactory" />
</bean>

<bean id="userDAO" class="org.sistema.springmvc.dao.
impl.HibernateUserDAO">
   <property name="sessionFactory"
ref="sessionFactory" />
</bean>
```

En el fichero anterior aparecen todas aquellas configuraciones que hemos añadido, prestando especial atención a todos los parámetros de configuración de Hibernate y de conexión a la base de datos que en una aplicación de consola se ubicarían en el *hibernate.cfg.xml*, y que ahora residen en este archivo. También le indicamos que vamos a utilizar anotaciones en lugar de archivos de mapeo y qué clase las contiene (*User*).

Otro cambio introducido es que en el *bean userDAO* se ha modificado la clase de implementación de *FakeUserDAO* a *HibernateUserDAO*, recibiendo ahora la *sessionFactory*.

Veamos las anotaciones de la clase *User* para indicarle al ORM que es una entidad a persistir en la base de datos:

```
package org.sistema.springmvc.hibernate.models;

import javax.persistence.Entity;
import javax.persistence.GeneratedValue;
import javax.persistence.GenerationType;
import javax.persistence.Id;
import javax.validation.constraints.Pattern;
import javax.validation.constraints.Size;

/**
 * Represents a user.
 * @author Eugenia Pérez Martínez
 * @email eugenia_perez@cuatrovientos.org
 */
@Entity
public class User {

   @Id
   @GeneratedValue(strategy = GenerationType.IDENTITY)
   private int id;
    ...
    //Default constructor, getters and setters...
}
```

Tras desplegar la aplicación se comprueba que todo funciona correctamente. Como se puede comprobar, no se ha tenido que hacer modificación alguna en vistas o controladores, gracias a un buen diseño, programar contra interfaces (*UserDAO*) y la inyección de dependencias.

9.2 INTEROPERABILIDAD CON DISTINTOS SGBD

Una de las principales características de Hibernate como ORM es la independencia que nos da para utilizar distintos SGBD sin tener que modificar el código de nuestra aplicación para tal propósito. Al utilizar Hibernate con Spring MVC esta característica sigue intacta. Se verá a continuación, por lo tanto, cómo hacer que la aplicación anterior funcione con HSQLDB en lugar de MySQL.

Para ello, solo necesitamos modificar los parámetros de configuración de la base de datos anterior que se incluyeron en el archivo *mvc-config.xml*:

```
<!-- We define a Bean for datasource (HsqlDB) -->
  <bean id="dataSource"
     class="org.springframework.jdbc.datasource.
DriverManagerDataSource">
     <property name="driverClassName" value="org.
hsqldb.jdbcDriver" />
     <property name="url"
value="jdbc:hsqldb:mem:usersApp " />
     <property name="username" value="SA" />
     <property name="password" value="" />
  </bean>
```

Con esto sustituimos el *dataSource* configurado para MySQL por este para HSQLDB que gestionará la base de datos en memoria. Además, debemos indicarle a Hibernate que el dialecto a utilizar es el de este nuevo SBGD:

```
<prop key="hibernate.dialect">org.hibernate.dialect.
HSQLDialect</prop>
```

Por último, incluye la dependencia necesaria en tu *pom.xml*:

```
<!-- hsqldb -->
<dependency>
  <groupId>org.hsqldb</groupId>
  <artifactId>hsqldb</artifactId>
  <version>2.2.8</version>
</dependency>
```

Lanza la aplicación y prueba que todo funciona correctamente.

9.3 PERSISTENCIA DE RELACIONES UNO A MUCHOS

Se comentarán los aspectos más relevantes para llevar a cabo la persistencia en base de datos de la ampliación planteada en el apartado 5.5.6 donde se incluía una relación de 1 a N entre los usuarios y las tareas.

Para la prueba del presente proyecto la variable *hibernate.hbm2ddl.auto* se establece a *update*, a fin de no tener que volver a realizar la carga de datos en la base de datos. Se ha facilitado un fichero *hibernatemvc.sql* que permitirá la creación de las tablas y la inserción de valores.

Además de este detalle, el fichero *application-context.xml* o bien *root-context.xml* variará en cuanto al número de clases a persistir:

```
<property name="annotatedClasses">
  <list>
    <value>org.sistema.springmvc.forms.models.User</
value>
    <value>org.sistema.springmvc.forms.models.Task</
value>
  </list>
</property>
```

A continuación se muestra como el nuevo objeto del modelo de dominio es persistido mediante la inclusión de anotaciones:

```
/**
 * Represents a Task.
 *
 * @author Eugenia Pérez Martínez
 *
 */
@Entity
public class Task {
  @Id
  @GeneratedValue(strategy = GenerationType.IDENTITY)
  private int id;
  private String name;
  private String description;
  @ManyToOne
   @JoinColumn(name="iduser")
  private User user;

  /**
   * default constructor, getters and setters
   */
}
```

Y cómo se anota la colección de Tareas en la clase *User* para ser persistida:

```
/**
 * Represents a user.
 *
 * @author Eugenia Pérez Martínez
 *
 */
@Entity
```

```
public class User {
    @Id
    @GeneratedValue(strategy = GenerationType.IDENTITY)
    private int id;
    private String login;
    private String description;
    private String password;
    @OneToMany(cascade=CascadeType.ALL,fetch=FetchType.
EAGER, mappedBy="user")
    private Set<Task> tasks = new HashSet<Task>();

    /**
     * default constructor, getters and setters
     */
}
```

Como se observa la cascada está establecida a *ALL*, produciéndose un borrado o actualización en cascada de las tareas respecto a la entidad padre Usuario. Dado que la colección de tareas de cada usuario se prevé que sea accedida a lo largo de la ejecución, se establece su *fetch* a *EAGER*, evitando posibles resultados anómalos derivados del comportamiento perezoso o *LAZY* de las colecciones por defecto.

Un aspecto especialmente importante que surge al incluir un modelo de dominio de más de un objeto consiste en la necesidad de eliminar código repetitivo y, por tanto, centralizar una serie de operaciones comunes, como son las CRUD de los DAO creados por objeto.

De esta manera, en lugar de crear otra implementación *HibernateTaskDAO* de una hipotética interfaz *TaskDAO*, al igual que se hizo con el Usuario, y dado que ambas implementaciones comparten el mismo comportamiento, siendo lo único que varía el objeto a manejar, la solución más elegante sería crear un DAO genérico que sea capaz de instanciarse con las diferentes clases del modelo mediante el uso de genericidad. En este DAO genérico se incluirán los 4 métodos habituales de un CRUD más el *SelectById* que permite obtener información de un elemento dado su identificador único.

```
package org.sistema.springmvc.forms.dao;

import java.io.Serializable;
import java.util.List;
import org.hibernate.HibernateException;
import org.hibernate.Session;
import org.hibernate.SessionFactory;
```

```
import org.springframework.transaction.annotation.
Transactional;

/**
 * Generic DAO to share logic between all the specific DAOs.
 *
 * @author Eugenia Pérez Martínez
 *
 */
public class GenericDAO<T> {
  protected SessionFactory sessionFactory;



  /**
   * gives Hibernate Session
   *
   * @return current hibernate Session
   */
  protected Session getSession() {
    return sessionFactory.getCurrentSession();
  }

  /**
   * Handles any exception thrown during a transaction
   *
   * @param he HibernateException
   */
  protected void handleException(HibernateException he)
{
    System.err.println("Hibernate Exception: " +
he.getMessage());
  }

  /**
   * Insert the specific entity.
   *
   * @param entity
   * @throws HibernateException
   */
  @Transactional
  public void insert(T entity) {
    getSession().persist(entity);
    getSession().flush();
  }
```

```
    /**
     * Save or update the specific entity.
     *
     * @param entity
     * @throws HibernateException
     */
    @Transactional
    public void update(T entity) throws
HibernateException {
        getSession().merge(entity);
        getSession().flush();
    }

    /**
     * Find by ID the specific entity
     *
     * @param id
     * @param entityClass
     * @return the template of the entity
     * @throws HibernateException
     */
    @Transactional(readOnly = true)
    public T selectById(Serializable id, Class<T>
entityClass)
            throws HibernateException {
        T obj = null;
        obj = (T) getSession().get(entityClass, id);
        return obj;
    }

    /**
     * Select all the entities of this concrete class
     *
     * @param entityClass
     * @return the list of templates
     * @throws HibernateException
     */
    @Transactional(readOnly = true)
    public List<T> selectAll(Class<T> entityClass) throws
HibernateException {
        List<T> result = null;
            result = getSession().createQuery(
              "FROM " + entityClass.getSimpleName()).list();
        return result;
    }
```

```
    /**
     * Delete the specific entity
     *
     * @param entity
     * @throws HibernateException
     */
    @Transactional
    public void delete(T entity) throws
HibernateException {
        getSession().delete(entity);
        getSession().flush();
    }

    /**
     * @return the sessionFactory
     */
    public SessionFactory getSessionFactory() {
        return sessionFactory;
    }

    /**
     * @param sessionFactory
     *         the sessionFactory to set
     */
    public void setSessionFactory(SessionFactory
sessionFactory) {
        this.sessionFactory = sessionFactory;
    }

}
```

Por lo tanto, este DAO genérico proporciona estas 5 operaciones básicas para todas las clases de nuestro modelo. Para ello es necesario definir la clase sobre una plantilla genérica que llamaremos T, la cual será sustituida por cualquier clase al instanciar un DAO específico de una clase del modelo. A partir de aquí cualquier operación contra base de datos más compleja que las mencionadas o específica del objeto requerirá crear un DAO específico de la clase del modelo sobre la que queramos actuar, extendiendo el comportamiento de este DAO genérico.

Así dentro del *application-context.xml* o bien en el *root-context.xml*, según se haya creado el proyecto MVC, se debe definir el *bean* del DAO del objeto, de tipo *GenericDAO*:

```
    <bean id="taskDAO" class="org.sistema.springmvc.
forms.dao.GenericDAO">
        <property name="sessionFactory"
ref="sessionFactory" />
    </bean>
```

Para que luego se inyecte en el controlador un DAO para el manejo de operaciones de la Tarea, utilizando genericidad:

```
@Autowired
private GenericDAO<Task> taskDAO;
```

Teniendo esta serie de matices en cuenta y si desplegamos la aplicación, observaremos que la funcionalidad es la misma que la planteada para la aplicación que gestiona los usuarios y su lista de tareas en memoria, esta vez haciendo uso de un ORM como Hibernate y un SGBD como es MySQL.

9.4 OPERACIONES ESPECÍFICAS

9.4.1 Búsqueda

Esta nueva operación de búsqueda por *login* de usuario permitirá ilustrar la necesidad de incluir un DAO específico que añada una operación de búsqueda a las planteadas en el DAO genérico. Para ello se crea el DAO de Usuario, *UserDAO*, que extiende el comportamiento del *GenericDAO*:

```
package org.sistema.springmvc.forms.dao;

import java.util.List;

import org.hibernate.HibernateException;
import org.hibernate.Query;
import org.sistema.springmvc.forms.models.User;
import org.springframework.stereotype.Repository;
import org.springframework.transaction.annotation.
Transactional;

/**
 * Implementation of an specific UserDAO
 *
 * @author Eugenia Pérez Martínez
 * @email eugenia_perez@cuatrovientos.org
 *
 */
public class UserDAO extends GenericDAO<User> {
   /**
    * Selects all users types by login
    *
    * @return List of users
    */
```

```
    @Transactional(readOnly = true)
    public List<User> selectByLogin(String login) {
        List<User> users = null;
        Query query = getSession().createQuery(
                "from User u where u.login LIKE :login");
        query.setParameter("login", "%" + login + "%");
        users = query.list();
        return users;
    }

}
```

Deberemos especificar el *bean* de la siguiente manera:

```
    <bean id="userDAO" class="org.sistema.springmvc.
forms.dao.UserDAO">
        <property name="sessionFactory"
ref="sessionFactory" />
    </bean>
```

A fin de que pueda ser inyectado en la clase *UserController*:

```
    @Autowired
    private UserDAO userDAO;
```

Tras desplegar la aplicación, la pantalla inicial del listado de usuarios permitirá también la búsqueda de los mismos mediante su *login*:

Users app

- View users
- New user

Users list

Search

Login

Search

These are the users currently in the system.

Login	Description	Actions
lellison	Oracle CEO	see detail || update || delete
bgates	Microsoft CEO	see detail || update || delete
mzuckerberg	Facebook CEO	see detail || update || delete

Figura 14.2. Pantalla inicial de búsqueda de usuarios

La búsqueda consiste en un formulario común con un único campo de texto, que será asociado con un Usuario vacío inicialmente desde el método del controlador que muestra la pantalla inicial del listado de usuarios. Tras la acción de *POST* desencadenada por el botón de búsqueda, se redirige al método del controlador que coincida con el *path* indicado (*/users/search*) y que hará uso del método *selectByLogin* explicado anteriormente. Una vez efectuada la operación, se devolverá la lista de usuarios que cumplan con ese criterio y se mostrará nuevamente la pantalla de listado de usuarios.

```
/**
 * Search users by login
 * @param user
 * @param model
 * @return the view to be rendered
 */
@RequestMapping(value = "/users/search", method =
RequestMethod.POST)
public String searchUsers (@ModelAttribute User user,
Model model) {
    logger.info("Searching users by login ");

    User emptyUser = new User();
    model.addAttribute("emptyUser", emptyUser);

    List<User> users = userDAO.selectByLogin(user.
getLogin());
    model.addAttribute("users", users);

    return "user/users";
}
```

9.4.2 Paginación de resultados

Esta nueva funcionalidad permitirá especificar el número de resultados que se quieren mostrar (una especie de paginación) y la ordenación de los resultados obtenidos en sentido ascendente o bien descendente. Por lo tanto, la página inicial quedará de la siguiente manera:

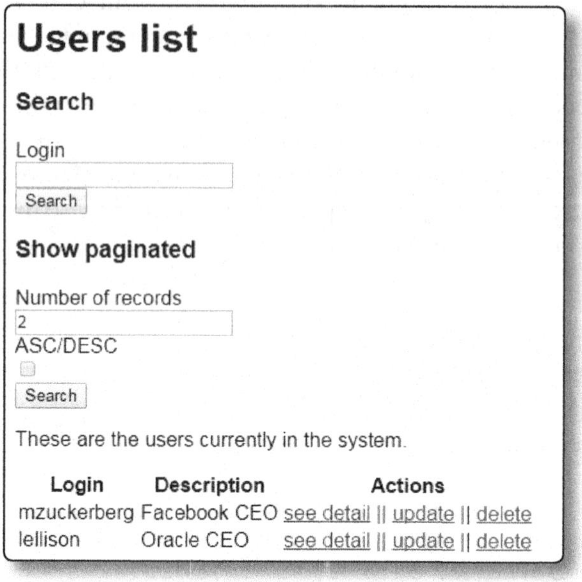

Figura 14.3. Pantalla inicial del listado de usuarios con ordenación y paginación

El código del formulario añadido a la página *users* del listado de usuarios inicial es:

```
<h3>Show paginated</h3>
  <s:url value="/users/paginated" var="paginatedUrl" />
  <sf:form method="post" action="${paginatedUrl}"
    modelAttribute="paginationFormCriteria">
    <div>
      <sf:label path="number">Number of records</
sf:label>
    </div>
    <div>
      <sf:input path="number" />
    </div>
    <div>
      <sf:label path="isAscending">ASC/DESC</sf:label>
    </div>
    <div>
      <sf:checkbox path="isAscending" />
    </div>
    <div>
      <input type="submit" value="Search" />
    </div>
  </sf:form>
```

La propiedad *modelAttribute="paginationFormCriteria"* del formulario obliga al método de controlador encargado de renderizar la vista inicial a cargar dicho objeto en el modelo:

```
    /**
     * handles default /users
     *
     * @param model
     * @return the name of the view to show
RequestMapping({"/users"})
     */
    @RequestMapping(method = RequestMethod.GET, value = {
"/", "/users" })
    public String showUsers(Map<String, Object> model) {
        logger.info("User showUsers. ");

        //An empty user is required for the search form
        User emptyUser = new User();
        model.put("emptyUser", emptyUser);

        //A paginationFormCriteria makes the results
paginated
        model.put("paginationFormCriteria", new
PaginationFormCriteria());

        List<User> users = userDAO.selectAll(User.class);
        model.put("users", users);

        return "user/users";
    }
```

Este nuevo objeto del modelo no será persistido en base de datos, tan solo es un objeto que se asociará al formulario para albergar los valores introducidos de tipo de ordenación y número de resultados a mostrar. Es decir, una especie de *ViewModel* utilizado simplemente para transferir datos del controlador a la vista:

```
package org.sistema.springmvc.forms.models;

/**
 * Criteria model for pagination form
 * @author Eugenia Pérez
 * @email eugenia_perez@cuatrovientos.org
 */
public class PaginationFormCriteria {
    private Integer number;
```

```
    private boolean isAscending;

    /**
     * default empty constructor
     */
    public PaginationFormCriteria () {
      number = 5;
      isAscending = true;
    }

    /**
     * @param number
     * @param isAscending
     */
    public PaginationFormCriteria(Integer number, boolean
isAscending) {
      this.number = number;
      this.isAscending = isAscending;
    }
    /**
     * @return the number
     */
    public Integer getNumber() {
      return number;
    }
    /**
     * @param number the number to set
     */
    public void setNumber(Integer number) {
      this.number = number;
    }
    /**
     * @return the isAscending
     */
    public boolean getIsAscending() {
      return isAscending;
    }
    /**
     * @param isAscending the isAscending to set
     */
    public void setIsAscending(boolean isAscending) {
      this.isAscending = isAscending;
    }

}
```

El método del controlador de Usuario que está mapeado con el *path* de la acción tras pulsar el formulario de ordenación/paginación es el siguiente:

```
/**
 * search users ordered and limited by criteria
 * @param criteria
 * @param model
 * @return the view to be rendered
 */
@RequestMapping(value = "/users/paginated", method =
RequestMethod.POST)
public String searchProductTypes (@ModelAttribute
PaginationFormCriteria criteria, Model model) {
    logger.info("Paginating Users");
    User emptyUser = new User();
    model.addAttribute("emptyUser", emptyUser);
    List<User> users =  userDAO.
selectPaginated(criteria.getNumber(),criteria.
getIsAscending());
    model.addAttribute("users", users);
    return "user/users";
}
```

Nótese que hace uso del *UserDAO* que, a su vez, incluye el método específico de paginación:

```
/**
 * Selects all users after searching by criteria
 *
 * @return List of users
 */
@Transactional(readOnly = true)
public List<User> selectPaginated(Integer number,
boolean isAscending) {

    List<User> users = null;
    String order = isAscending?"asc":"desc";
    try {
      Query query = getSession()
            .createQuery("from User s ORDER BY s.login "
+ order);
            query.setMaxResults(number);
            users = query.list();
    } catch (HibernateException he) {
      handleException(he);
    }

    return users;
}
```

10

SEGURIDAD SPRING

10.1 PRINCIPALES VULNERABILIDADES DE LAS APLICACIONES WEB

Las aplicaciones web presentan vulnerabilidades inherentes a su arquitectura independientemente de la tecnología con la que estén construidas. Es por ello que existen organizaciones que se dedican al estudio de estas vulnerabilidades y a proponer métodos a los desarrolladores para mejorar la seguridad de sus aplicaciones.

Una de estas organizaciones es OWASP, que periódicamente publica un documento de las 10 mayores vulnerabilidades o las que son más explotadas por los posibles atacantes. En la siguiente página tienes las distintas vulnerabilidades observadas ordenadas y cómo han ido variando en los últimos años:

http://es.wikipedia.org/wiki/OWASP_Top_10

La última publicación data de 2013, y hace la siguiente clasificación, de mayor a menor riesgo:

1. Inyección de SQL.
2. Pérdida de autenticación y gestión de sesiones.
3. *Cross site scripting*.
4. Referencia directa insegura a objetos.
5. Configuración de seguridad incorrecta.

6. Exposición de datos sensibles.
7. Ausencia de control de acceso a las funciones.
8. Falsificación de peticiones en sitios cruzados.
9. Uso de componentes con vulnerabilidades conocidas.
10. Redirecciones y reenvíos no validados.

En el siguiente documento podemos verlas una por una explicadas:

https://www.owasp.org/images/5/5f/OWASP_Top_10_-_2013_Final_-_Espa%C3%B1ol.pdf

10.2 PREVENCIÓN DE ATAQUES

10.2.1 SQL Injection

Veamos por ejemplo lo que dice este documento con respecto a la principal vulnerabilidad: *SQL Injection*.

Toda aplicación que realice consultas SQL a una base de datos puede ser susceptible a este tipo de ataques y debe ser revisada. Por eso las consultas deben ir siempre parametrizadas o construidas a partir de una API, y nunca mediante concatenaciones de texto. Es decir, imaginemos un escenario con esta consulta:

```
String query = "SELECT login, password FROM User WHERE
login =" + user.login + " AND password =" + user.
password;
```

Es la típica consulta que podría estar detrás de una acción de *login*. Supongamos que *user.login* y *user.password* son dos valores que hemos cogido directamente de la petición del cliente, y proceden de sendos campos de texto. Lo normal es que esta consulta se convierta en algo del siguiente tipo antes de enviarse a la base de datos:

```
SELECT login, password FROM User WHERE login =
'eugenia' AND password = 'test';
```

Hasta aquí todo bien. Pero, ¿qué pasaría si el usuario en lugar de enviar esos dos parámetros, enviase como segundo parámetro la cadena de texto *'test OR 1=1'*? La consulta quedaría así:

```
SELECT login, password FROM User WHERE login =
'eugenia' AND password = 'test' OR 1=1;
```

Con esto, la consulta devolvería todos los resultados de la tabla *User* porque esta condición siempre es cierta, con lo que ese posible atacante tendría acceso a los datos de todos los usuarios de nuestra aplicación.

La manera de evitar esto es utilizar *PreparedStatements* si estamos usando JDBC con paso de parámetros. A veces también podemos caer en la errónea creencia de que si utilizamos Hibernate o un ORM estamos directamente a salvo de esto. Error. ¿Qué pasaría si tenemos esta consulta en HQL?:

```
Query HQLQuery= session.createQuery("FROM accounts
WHERE  custID='" + request.getParameter("id")  +  "'");
```

En efecto, tiene exactamente el mismo problema. Por lo tanto, la conclusión que se debe sacar es que NUNCA debemos construir sentencias SQL en nuestro código concatenando parámetros en la cláusula *WHERE*.

10.2.2 Autenticación

Spring nos permite proteger las partes que queramos de nuestra aplicación. Para ello debemos dar los siguientes pasos:

Primero de todo, en el archivo *web.xml*, aparte del *servlet* que le da el control a Spring también aplicaremos otro mecanismo típico de los *servlets*, los filtros (*filters*), solo que en este caso es un *filter* de Spring que se encarga de todo (por debajo invoca otros filtros, etc.).

```
<filter>
  <filter-name>springSecurityFilterChain</filter-name>
  <filter-class>
      org.springframework.web.filter.
DelegatingFilterProxy
    </filter-class>
 </filter>
 <filter-mapping>
  <filter-name>springSecurityFilterChain</filter-name>
  <url-pattern>/*</url-pattern>
 </filter-mapping>
```

También es preciso añadir las siguientes dependencias de seguridad al fichero POM:

- *spring-security-core*
- *spring-security-config*
- *spring-security-taglibs*
- *spring-security-web*

A continuación, en el archivo *application-config.xml* o *root-context.xml* es donde vamos a incluir toda la configuración relevante de seguridad. Lo primero que debemos incluir es el soporte para los *tags* relacionados con *security*:

```
xmlns:security=http://www.springframework.org/schema/
security
```

Adicionalmente se añade un fragmento del código del fichero donde se especifica una serie de reglas basadas en la URL que permiten o deniegan el acceso a usuarios (al estilo ACL...). Por tanto, hay que ser meticulosos a la hora de definir el nivel de acceso a la ruta, puesto que se busca la primera coincidencia y se sale, finalizando la comprobación.

```
    <!-- Auto-config generates login and logout pages,
remember-me feature,...
  for us. We also set interceptions or not based on url
patterns -->
  <security:http use-expressions="true">
    <security:intercept-url pattern="/resources/**"
      access="permitAll" />
    <security:intercept-url pattern="/public/
protected"
      access="isAuthenticated()" />
    <security:intercept-url pattern="/public/**"
      access="permitAll" />
    <security:intercept-url pattern="/"
access="permitAll" />
    <security:intercept-url pattern="/protected/**"
      access="isAuthenticated()" />
    <security:intercept-url pattern="/admin/**"
      access="isAuthenticated() and principal.
username=='root'" />
    <!-- the same but for all the role -->
    <security:intercept-url pattern="/admin"
      access="hasRole('admin')" />
    <!-- This is radical but recommended -->
    <security:intercept-url pattern="/**"
```

```
access="denyAll" />
     <security:form-login />
     <security:logout />
   </security:http>
```

Otro de los aspectos muy útiles de Spring es que genera de forma automática la pantalla y el mecanismo de *login*, de *logout* e incluso el mecanismo de *remember-me*.

A la hora de establecer la autenticación de usuarios es posible hacerlo mediante dos vías distintas, esto se especifica mediante la propiedad *authtentication-provider*:

```
<!-- We set the authentication manager -->
<security:authentication-manager
alias="authenticationManager">
  <security:authentication-provider user-service-
ref="xmlUserService" />
</security:authentication-manager>
```

Dichas dos vías son las siguientes:

- **A través del propio fichero XML**. Este será el código a añadir para la creación de 3 usuarios con distintos perfiles:

```
    <!-- 1) Plain user/password xml -->
<security:user-service id="xmlUserService">
  <security:user name="root" password="root"
authorities="normal, admin" />
  <security:user name="sistema" password="formacion"
    authorities="normal" />
  <security:user name="eugenia" password="secret"
    authorities="normal" />
    </security:user-service>
```

  Comprobaremos que al espacio protegido podrá acceder cualquiera de los usuarios especificados, mientras que al privado solo el usuario *root*.

- **Mediante JDBC, indicando un Datasource y las queries de validación**. Se copia el fragmento de código que nos permitirá configurar esta opción:

```
  <!-- 2) Datasource and BD -->
<bean id="dataSource"
   class="org.springframework.jdbc.datasource.
DriverManagerDataSource">
   <property name="driverClassName" value="com.mysql.
```

```
jdbc.Driver" />
        <property name="url" value="jdbc:mysql://
localhost:3306/sistema" />
        <property name="username" value="root" />
        <property name="password" value="" />
    </bean>
    <!-- In case we wanted jdbc based authentication We
need a datasource and
    also specify queries for auth. -->
    <security:jdbc-user-service id="jdbcUserService"
        data-source-ref="dataSource"
        users-by-username-query="select username,
password, true from users where  username=?"
        authorities-by-username-query="select username,
role from user_roles where username =? " />
```

Para probar esta modalidad será necesario tener creada la base de datos que se especifica y las dos tablas siguientes:

Tabla users

id	username	password	enable
1	root	root	1
2	sistema	formacion	1

Figura 14.11. Tabla users de autenticación de usuarios

Tabla users_role

id	username	role
5	root	normal
6	root	admin
7	sistema	normal

Figura 14.12. Tabla de roles de usuario

Se vuelven a definir dos roles que serán asignados a dos usuarios.

Así pues, si intentamos acceder desde la parte pública se permite el acceso de forma anónima, desde protegido solo a usuarios autenticados, y desde la parte de *admin* solo al usuario *root*.

Security in Spring

public | protected | admin

Figura 14.13. Pantalla inicial del proyecto de seguridad

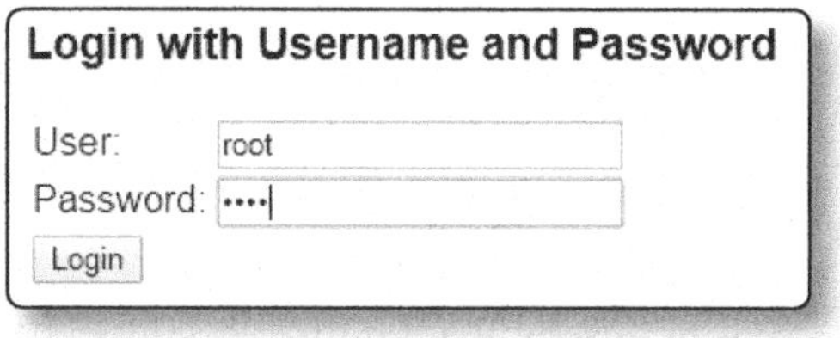

Login with Username and Password

User: root
Password: ••••
Login

Figura 14.14. Pantalla de login proporcionada por Spring

Añadiendo el siguiente código en el *root-context.xml* (*application-context. xml)* se puede hacer que las contraseñas se almacenen cifradas en sha1 o MD5:

```
<!-- To encrypt the password -->
  <security:authentication-manager
alias="authenticationManager">
  <security:authentication-provider
    user-service-ref="xmlUserService">
    <!-- Comment either of the following lines
    <security:password-encoder hash="md5" />-->
    <security:password-encoder hash="sha" />
  </security:authentication-provider>
</security:authentication-manager>
```

Ahora la contraseña la deberíamos especificar en *sha1* como sigue:

```
<security:user name="root"
        password="
dc76e9f0c0006e8f919e0c515c66dbba3982f785"
        authorities="normal, admin" />
```

Otro de los aspectos de mejora a considerar es la personalización de pantallas de *login*, *logout* y *error*. Por ejemplo, para la personalización de *login* se incluye el siguiente fragmento de código, sustituyendo a las acciones definidas por defecto de *form-login* y *logout*:

```
<security:form-login login-page="/mycustomlogin"
    default-target-url="/home" authentication-failure-
```

```
url="/mycustomlogin?error"
    username-parameter="username" password-
parameter="password" />
<security:logout logout-success-url="/
mycustomlogin?logout" />
```

Hay que tener en cuenta que para referenciar la acción de *login* se utiliza / *spring_security_login*, mientras que para el *logout*, */j_spring_security_logout*.

Ahora se debe permitir la acción de *login* a los usuarios:

```
  <security:intercept-url pattern="/mycustomlogin"
access="permitAll" />
```

Finalmente se crea la página personalizada con el formulario de *login*, que he llamado *customLogin.jsp*:

```
<%@ taglib uri="http://java.sun.com/jsp/jstl/core"
prefix="c"%>
<%@ page session="false"%>
<html>
<head>
<title>My Custom login</title>
</head>
<body>
  <h1>Mi custom login</h1>
    <h2>This has been tailored</h2>
  <form name='loginForm'
    action="<c:url value='j_spring_security_check' />"
method='POST'>

    <table>
      <tr>
        <td>Username:</td>
        <td><input type='text' name='username'
value=''></td>
      </tr>
      <tr>
        <td>Password:</td>
        <td><input type='password' name='password'
/></td>
      </tr>
      <tr>
        <td colspan='2'><input name="submit"
```

```
type="submit"
            value="submit" /></td>
        </tr>
      </table>

      <input type="hidden" name="${_csrf.parameterName}"
        value="${_csrf.token}" />

    </form>
    <p>
      <a href="<c:url value="/public" />">Go to public</
a>
    </p>
    <p>
      <a href="<c:url value="/admin" />">Go to Admin</a>
    </p>
    <p>
      <a href="<c:url value="/j_spring_security_logout"
/>"> Logout</a>
    </p>

</body>
</html>
```

Y se incluye dicha acción específica en el controlador:

```
    /**
     * Simply selects the custom login view to render by
returning its name.
     */
    @RequestMapping(value = "/mycustomlogin", method =
RequestMethod.GET)
    public String customLogin (Locale locale, Model
model) {
        logger.info("Showing login The client locale is
{}.", locale);

        return "customLogin";
    }
```

Esta sería la página de *login* resultante:

Figura 14.15. Página de login personalizada

Adicionalmente es posible personalizar la página de error de acceso o acceso denegado. Para ello añade estas líneas al fichero *web.xml*:

```
<error-page>
  <error-code>403</error-code>
  <location>/resources/403.html</location>
 </error-page>
```

Y crea la página de error personalizada; por ejemplo, esta simple página *403.html*:

```
<!DOCTYPE html>
<html>
<head>
<meta charset="UTF-8">
<title>403, access denied</title>
</head>
<body>
 <h2>403: Access denied.</h2>
 <p>Customized error page through web.xml config:</p>
 <code>
  <xmp>
   <error-page>
       <error-code>403</error-code>
     <location>/resources/403.html</location>
    </error-page>
  </xmp>
  </code>
  <hr />
  <i>&copy; 2015 - Eugenia Pérez</i>
</body>
</html>
```

11

SERVICIOS WEB

11.1 SPRING Y SOAP

SOAP (*Simple Object Access Protocol*) es un protocolo estándar que define la comunicación mediante intercambio de datos en formato XML entre dos objetos en distintos procesos. Es un derivado de otro anteriormente conocido como *XML-RPC*. SOAP fue creado por Microsoft, IBM y otros. Está actualmente bajo el auspicio del W3C. Es uno de los protocolos utilizados en los servicios web.

Un mensaje SOAP es un documento XML ordinario con una estructura definida en la especificación del protocolo. Dicha estructura la conforman las siguientes partes:

- **Envelope (obligatoria)**: raíz que de la estructura, es la parte que identifica al mensaje SOAP como tal.
- **Header**: esta parte es un mecanismo de extensión ya que permite enviar información relativa a cómo debe ser procesado el mensaje. Es una herramienta para que los mensajes puedan ser enviados de la forma más conveniente para las aplicaciones. El elemento *Header* se compone a su vez de *Header Blocks* que delimitan las unidades de información necesarias para el *Header*.
- **Body (obligatoria)**: contiene la información relativa a la llamada y la respuesta.

- **Fault**: bloque que contiene información relativa a errores que se hayan producido durante el procesado del mensaje y el envío desde el *SOAP Sender* hasta el *Ultimate SOAP Receiver*.

Veamos un ejemplo de cómo crear servicios web SOAP en Spring. Vamos a desarrollar un proyecto basado en un ejemplo de Spring que podemos encontrar en el siguiente repositorio, pero que ha sido modificado para abordar la explicación en el presente documento:

https://github.com/spring-guides/gs-producing-web-service.git

Nuestro proyecto consiste en un *Webservice* que nos permite consultar el seguro que tiene un coche a través de su matrícula. El proyecto está construido con Maven y utiliza las siguientes dependencias:

```
<dependency>
  <groupId>org.springframework.boot</groupId>
  <artifactId>spring-boot-starter-ws</artifactId>
</dependency>
<dependency>
  <groupId>wsdl4j</groupId>
  <artifactId>wsdl4j</artifactId>
  <version>1.6.1</version>
</dependency>
```

La primera de las dependencias es a su vez un macropaquete que contiene a muchos otros que facilitan el desarrollo de servicios web. El primer paso a dar es crear un esquema o XSD, que servirá para definir el tipo de datos tanto de las peticiones como de las respuestas. En este caso la petición es la consulta del seguro a través de la matrícula de un coche, y la respuesta es el coche. Luego se define la entidad coche y la entidad seguro que forma parte del coche.

```
<xs:schema xmlns:xs="http://www.w3.org/2001/XMLSchema"
  xmlns:tns="http://sistema.org/spring/ws/carinsurance"
targetNamespace="http://sistema.org/spring/ws/
carinsurance"
  elementFormDefault="qualified">
  <xs:element name="getInsuranceRequest">
    <xs:complexType>
      <xs:sequence>
        <xs:element name="plate" type="xs:string" />
      </xs:sequence>
    </xs:complexType>
  </xs:element>
```

```
  <xs:element name="getInsuranceResponse">
    <xs:complexType>
      <xs:sequence>
        <xs:element name="car" type="tns:car" />
      </xs:sequence>
    </xs:complexType>
  </xs:element>

  <xs:complexType name="car">
    <xs:sequence>
      <xs:element name="plate" type="xs:string" />
      <xs:element name="year" type="xs:int" />
      <xs:element name="brand" type="xs:string" />
      <xs:element name="insurance"
type="tns:insurance" />
    </xs:sequence>
  </xs:complexType>

  <xs:complexType name="insurance">
    <xs:sequence>
      <xs:element name="date" type="xs:date" />
      <xs:element name="company">
        <xs:simpleType>
          <xs:restriction base="xs:string">
            <xs:enumeration value="Mapfre" />
            <xs:enumeration value="AIG" />
            <xs:enumeration value="Lloyds" />
          </xs:restriction>
        </xs:simpleType>
      </xs:element>
    </xs:sequence>
  </xs:complexType>
</xs:schema>
```

Mediante el archivo anterior estamos definiendo cómo deben ser las peticiones entrantes y las respuestas salientes y qué atributos permiten. Ahora, a partir de este esquema podemos generar varias clases de las que necesitamos para nuestro servicio, desde las clases *Request* y *Response* a las clases *Car* o *Insurance*. Para ello se utiliza el siguiente *plugin* del *pom.xml*:

```
<plugin>
  <groupId>org.codehaus.mojo</groupId>
  <artifactId>jaxb2-maven-plugin</artifactId>
  <version>1.6</version>
  <executions>
```

```
        <execution>
          <id>xjc</id>
          <goals>
            <goal>xjc</goal>
          </goals>
        </execution>
      </executions>
      <configuration>
        <schemaDirectory>${project.basedir}/src/main/
resources/</schemaDirectory>
        <outputDirectory>${project.basedir}/src/main/java</
outputDirectory>
        <clearOutputDir>false</clearOutputDir>
      </configuration>
    </plugin>
```

Mediante este *plugin*, cuando hagamos un *Maven generate-sources* se leerán los *xsd* de nuestro directorio */resources* y se generarán las clases Java necesarias para reflejar ese *xsd*.

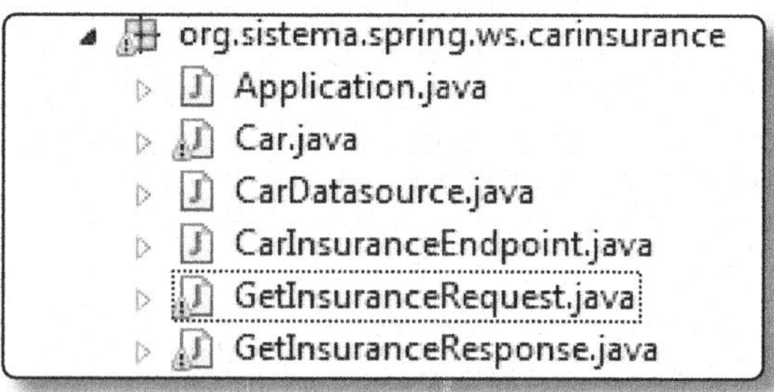

Figura 14.1. Generación de clases Java a partir del xsd

Nuestra clase *endpoint*, que es la que contendrá el servicio web, tiene este aspecto:

```
package org.sistema.spring.ws.carinsurance;

import org.springframework.beans.factory.annotation.
Autowired;
import org.springframework.ws.server.endpoint.
annotation.Endpoint;
import org.springframework.ws.server.endpoint.
annotation.PayloadRoot;
import org.springframework.ws.server.endpoint.
annotation.RequestPayload;
```

```
import org.springframework.ws.server.endpoint.
annotation.ResponsePayload;

/**
 * The endpoint for the webservice
 * Check with : http://localhost:8080/ws/cars.wsdl
 * @author Eugenia Pérez
*/
@Endpoint
public class CarInsuranceEndpoint {
  private static final String NAMESPACE_URI =
        "http://sistema.org/spring/ws/carinsurance";
  private CarDatasource carDatasource;

  @Autowired
  public CarInsuranceEndpoint(CarDatasource
carDatasource) {
     this.carDatasource = carDatasource;
  }

  /**
   * gets insurance info using plate number
   * @param request
   * @return
   */
  @PayloadRoot(namespace = NAMESPACE_URI, localPart =
"getInsuranceRequest")
  @ResponsePayload
  public GetInsuranceResponse getInsurance(@
RequestPayload GetInsuranceRequest request) {
     GetInsuranceResponse response = new
GetInsuranceResponse();
     response.setCar(carDatasource.findCar(request.
getPlate()));

     return response;
  }
}
```

Como se puede ver contiene un método muy sencillo que recibe una *GetInsuranceRequest*. Esta petición en su interior recibirá la matrícula de un coche, la cual se leerá y será pasada al método *findCar* del repositorio, el cual nos devolverá todos los campos del coche solicitado, que serán devueltos en un objeto *GetInsuranceResponse*.

Veamos ahora la clase que lanza la configuración de la aplicación:

```
package org.sistema.spring.ws.carinsurance;

import org.springframework.boot.context.embedded.
ServletRegistrationBean;
import org.springframework.context.ApplicationContext;
import org.springframework.context.annotation.Bean;
import org.springframework.context.annotation.
Configuration;
import org.springframework.core.io.ClassPathResource;
import org.springframework.ws.config.annotation.
EnableWs;
import org.springframework.ws.config.annotation.
WsConfigurerAdapter;
import org.springframework.ws.transport.http.
MessageDispatcherServlet;
import org.springframework.ws.wsdl.wsdl11.
DefaultWsdl11Definition;
import org.springframework.xml.xsd.SimpleXsdSchema;
import org.springframework.xml.xsd.XsdSchema;

/**
 * Configs web service
 * @author Eugenia Pérez
 */
@EnableWs
@Configuration
public class WebServiceConfig extends WsConfigurerAdapter
{
  /**
   * Registers a servlet
   * @param applicationContext
   * @return
   */
  @Bean
  public ServletRegistrationBean messageDispatcherServl
et(ApplicationContext applicationContext) {
      MessageDispatcherServlet servlet = new
MessageDispatcherServlet();
      servlet.setApplicationContext(applicationContext);
      servlet.setTransformWsdlLocations(true);
      return new ServletRegistrationBean(servlet, "/
ws/*");
  }
```

```
    @Bean(name = "cars")
    public DefaultWsdl11Definition defaultWsdl11Definition(
XsdSchema carsSchema) {
        DefaultWsdl11Definition wsdl11Definition = new
DefaultWsdl11Definition();
        wsdl11Definition.setPortTypeName("CarPort");
        wsdl11Definition.setLocationUri("/ws");
        wsdl11Definition.setTargetNamespace("http://
sistema.org/spring/ws/carinsurance");
        wsdl11Definition.setSchema(carsSchema);
        return wsdl11Definition;
    }

    /**
     * We must specify the XSD file
     * @return
     */
    @Bean
    public XsdSchema carsSchema() {
        return new SimpleXsdSchema(new ClassPathResource("
carinsurances.xsd"));
    }
}
```

Esta clase supone un método alternativo a la configuración por ficheros XML que habíamos visto hasta ahora. Como resultado de esta configuración se generará un fichero *WSDL*. Dicho archivo es un catálogo descriptor del servicio web, para que así los clientes puedan acceder a él y generar las peticiones de la manera correcta, así como interpretar y conocer el tipo de respuestas a recibir.

Antes de lanzar la aplicación debemos hacer un ajuste final. El paquete *spring-boot-starter-ws*, entre otros muchos, descarga un Tomcat embebido que va a servir de servidor de nuestra aplicación, en lugar del Wildfly que veníamos usando. Este Tomcat intenta arrancar en el puerto por defecto, el 8080. Si tienes ese puerto ocupado, puedes cambiarlo generando un archivo *application.properties* en */src/main/resources* con la siguiente entrada:

```
server.port=0
```

Cero asignaría un puerto aleatorio libre. En caso de que lo quieras fijo dale el valor de un puerto que sepas que está libre.

Ejecuta la clase *Application.java*. Se arrancará Tomcat y se quedará esperando peticiones. Para asegurarnos de que nuestra aplicación ha cargado correctamente, comprobaremos que el WSDL se ha desplegado. Vete a la URL:

http://localhost:[PUERTO_ELEGIDO]/ws/cars.wsdl

Debes ver lo siguiente:

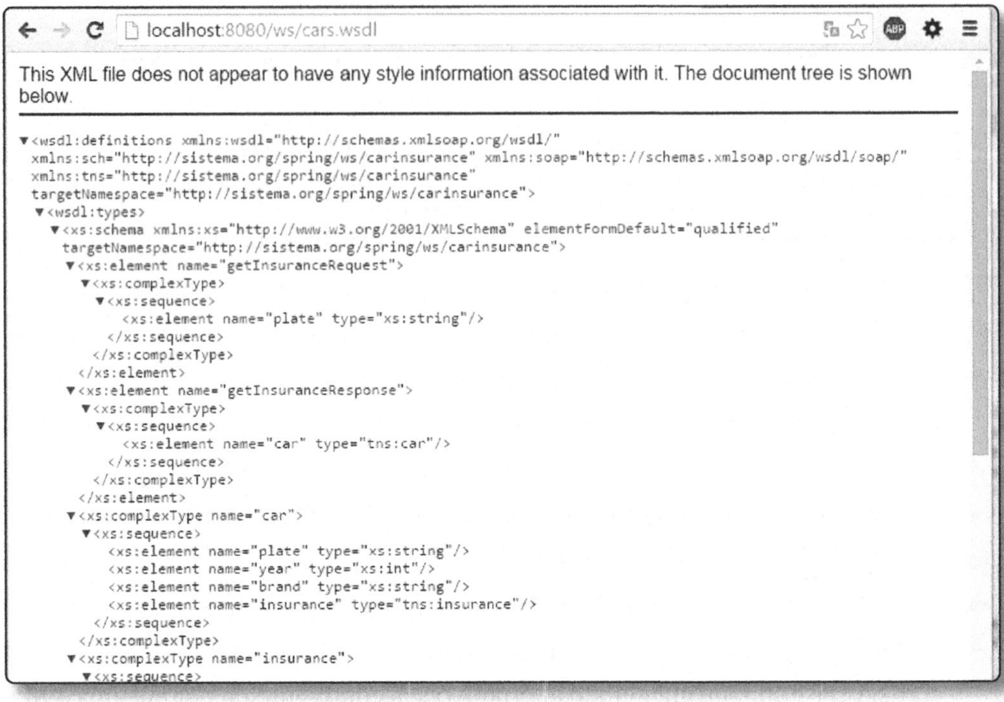

localhost:8080/ws/cars.wsdl

This XML file does not appear to have any style information associated with it. The document tree is shown below.

```
▼<wsdl:definitions xmlns:wsdl="http://schemas.xmlsoap.org/wsdl/"
  xmlns:sch="http://sistema.org/spring/ws/carinsurance" xmlns:soap="http://schemas.xmlsoap.org/wsdl/soap/"
  xmlns:tns="http://sistema.org/spring/ws/carinsurance"
  targetNamespace="http://sistema.org/spring/ws/carinsurance">
 ▼<wsdl:types>
  ▼<xs:schema xmlns:xs="http://www.w3.org/2001/XMLSchema" elementFormDefault="qualified"
    targetNamespace="http://sistema.org/spring/ws/carinsurance">
    ▼<xs:element name="getInsuranceRequest">
      ▼<xs:complexType>
        ▼<xs:sequence>
           <xs:element name="plate" type="xs:string"/>
         </xs:sequence>
       </xs:complexType>
     </xs:element>
    ▼<xs:element name="getInsuranceResponse">
      ▼<xs:complexType>
        ▼<xs:sequence>
           <xs:element name="car" type="tns:car"/>
         </xs:sequence>
       </xs:complexType>
     </xs:element>
    ▼<xs:complexType name="car">
      ▼<xs:sequence>
         <xs:element name="plate" type="xs:string"/>
         <xs:element name="year" type="xs:int"/>
         <xs:element name="brand" type="xs:string"/>
         <xs:element name="insurance" type="tns:insurance"/>
       </xs:sequence>
     </xs:complexType>
    ▼<xs:complexType name="insurance">
      ▼<xs:sequence>
```

Figura 14.2. Fichero WSDL del servicio web

Para probar el servicio, es necesario componer un mensaje SOAP a través de un formato XML, de acuerdo a nuestro XSD. Existen clientes que nos facilitan la tarea. Uno de ellos es SOAPUI, el cual tiene una versión gratuita que puedes descargar aquí:

http://sourceforge.net/projects/soapui/files/soapui/5.0.0/SoapUI-5.0.0-win32-standalone-bin.zip/download

Descárgalo y descomprímelo. A continuación ejecuta el archivo */bin/soapui.bat*. Crea un nuevo proyecto. Te aparecerá una pantalla donde debes poner la URL de tu WSDL:

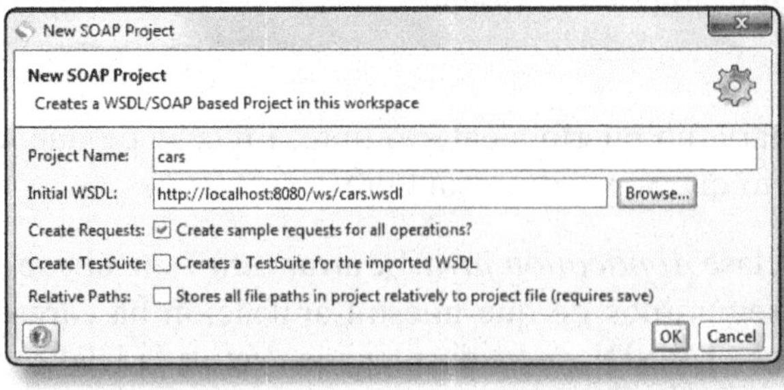

New SOAP Project
New SOAP Project
Creates a WSDL/SOAP based Project in this workspace
Project Name: cars
Initial WSDL: http://localhost:8080/ws/cars.wsdl Browse...
Create Requests: Create sample requests for all operations?
Create TestSuite: Creates a TestSuite for the imported WSDL
Relative Paths: Stores all file paths in project relatively to project file (requires save)
OK Cancel

Figura 14.3. Nuevo proyecto mediante soapui

En el árbol de la izquierda se generará un nuevo proyecto y aparecerán los métodos que contiene el WSDL. Abre *getInsurance* y haz doble clic en *Request1*. Te aparecerá un esqueleto de petición en formato SOAP. Fíjate en las distintas secciones *envelope*, *header* y *body*. Por último, en *plate* escribe la matrícula de un coche que esté presente en nuestra clase repositorio y lanza la petición. Si todo va bien deberías obtener una respuesta como la que sigue:

```
http://localhost:8080/ws

<soapenv:Envelope xmlns:soapenv="http://s
   <soapenv:Header/>
   <soapenv:Body>
      <car:getInsuranceRequest>
         <car:plate>0042ASM</car:plate>
      </car:getInsuranceRequest>
   </soapenv:Body>
</soapenv:Envelope>

<SOAP-ENV:Envelope xmlns:SOAP-ENV="http://schemas.xmlsoap.org/soap/envelope/">
   <SOAP-ENV:Header/>
   <SOAP-ENV:Body>
      <ns2:getInsuranceResponse xmlns:ns2="http://sistema.org/spring/ws/carinsurance">
         <ns2:car>
            <ns2:plate>0042ASM</ns2:plate>
            <ns2:year>2012</ns2:year>
            <ns2:brand>Tesla</ns2:brand>
            <ns2:insurance>
               <ns2:date>2015-07-20+02:00</ns2:date>
               <ns2:company>Mapfre</ns2:company>
            </ns2:insurance>
         </ns2:car>
      </ns2:getInsuranceResponse>
   </SOAP-ENV:Body>
</SOAP-ENV:Envelope>
```

Figura 14.4. Visualización de petición y respuesta en formato soap

11.2 SPRING Y REST

REST (*Representational State Transfer*) se refiere a una colección de directrices para el diseño de arquitecturas en red, indicando cómo son definidos los recursos. Suele describir a cualquier interfaz que se encargue de transmitir datos de un dominio a través del protocolo HTTP, pero sin utilizar una capa adicional, como sí sucedía con SOAP.

Se dice, por tanto, que REST más que un estándar es un estilo de arquitectura. No obstante se basa en un conjunto de estándares:

- HTTP
- URL
- Representación de los recursos: XML/HTML/GIF/JPEG, etc.
- Tipos MIME: *text/xml*, *text/html*, etc.

REST propone utilizar distintos métodos HTTP para realizar diferentes operaciones sobre un determinado recurso. Hasta ahora era común encontrar URL similares a las siguientes:

http://eugeniaperez.es/cliente.php?id=5
http://eugeniaperez.es/cliente.php?id=5&act=create
http://eugeniaperez.es/cliente.php?id=5&act=update

Las URL anteriores suelen contener verbos que describen la acción que realiza la página a la que se está accediendo. No obstante, REST trata de utilizar URL que podríamos definir como más nominales. Es decir, describen el recurso accedido y delegan en el método HTTP por el que se envía la petición, el tipo de acción a realizar con dicho recurso:

http://eugeniaperez.es/cliente/5

De ahí que dada una dirección que identifique un recurso necesitamos utilizar varios métodos HTTP para poder realizar estas distintas operaciones. Hasta ahora estamos acostumbrados a utilizar fundamentalmente *GET* y *POST* pero HTTP tiene una mayor variedad de métodos que permiten enriquecer las peticiones generadas mediante REST. Así utilizaremos un método HTTP diferente en función de si queremos realizar una inserción, una actualización, un borrado o un listado:

- *GET*: para leer datos (*READ*).
- *PUT*: para modificar datos (*UPDATE*).
- *DELETE*: para borrar datos (*DELETE*).
- *POST*: para crear datos (*CREATE*).

Esto nos permite realizar un CRUD completo. Para ello, debemos crear el siguiente controlador:

```
package org.sistema.springmvc.rest.controllers;

import java.util.List;
import javax.validation.Valid;
import org.sistema.springmvc.rest.dao.SeriesDAO;
import org.sistema.springmvc.rest.models.Series;
import org.springframework.beans.factory.annotation.
Autowired;
import org.springframework.web.bind.annotation.
PathVariable;
import org.springframework.web.bind.annotation.
RequestBody;
import org.springframework.web.bind.annotation.
RequestMapping;
import org.springframework.web.bind.annotation.
RequestMethod;
import org.springframework.web.bind.annotation.
RestController;
```

```
/**
 * Controller for TV series.
 * @author Eugenia Pérez Martínez
 * @email eugenia_perez@cuatrovientos.org
 */
@RestController
@RequestMapping("/series")
public class SeriesController {

  @Autowired
  private SeriesDAO seriesDAO;

  public SeriesDAO getSeriesDAO() {
    return seriesDAO;
  }

  public void setSeriesDAO(SeriesDAO seriesDAO) {
    this.seriesDAO = seriesDAO;
  }

  /**
   * Returns the list of TV series. handles /series
   *
   * @return the list of all series
   */
  @RequestMapping(method = RequestMethod.GET)
  public List<Series> getAll() {
    return seriesDAO.get();
  }

  /**
   * Returns a TV show by its ID. handles /series/id
   *
   * @param id
   * @return the series by ID
   */
  @RequestMapping(method = RequestMethod.GET, value = {
"/{id}" })
  public Series getById(@PathVariable(value = "id")
Integer id) {
    return seriesDAO.find(id);
  }
```

```
  /**
   * Creates a new TV show. handles /series by POST
   * @return true if it is created successfully
   */
  @RequestMapping(method = RequestMethod.POST)
  public boolean create(@RequestBody @Valid Series
series) {
    return seriesDAO.create(series) > 0;
  }

  /**
   * Updates a TV show by its ID. handles /series/{id}
by PUT
   * @param id
   * @param series
   * @return true if it is updated successfully
   */
  @RequestMapping(value = "/{id}", method =
RequestMethod.PUT)
  public boolean update(@PathVariable Integer id,
      @RequestBody @Valid Series series) {
    series.setId(id);
    return seriesDAO.update(series) != null;
  }

  /**
   * Deletes a TV show by its ID. handles /series/{id}
by DELETE
   * @param id
   */
  @RequestMapping(value = "/{id}", method =
RequestMethod.DELETE)
  public void delete(@PathVariable Integer id) {
    seriesDAO.delete(id);
  }

}
```

Este controlador es de tipo *RestController*. Como has podido apreciar en lugar de retornar vistas como ocurría hasta ahora, retorna objetos de nuestro modelo de dominio. Luego, estos objetos serán serializados por el *framework* en distintos formatos (por defecto JSON).

El controlador utiliza un DAO, cuya interfaz es:

```
package org.sistema.springmvc.rest.dao;

import java.util.List;
import org.sistema.springmvc.rest.models.Series;

/**
 * Interface for a UserDAO.
 *
 * @author Eugenia Pérez Martínez.
 * @email eugenia_perez@cuatrovientos.org
 */
public interface SeriesDAO {

    /**
     * This is the method to be used to create a record
in the Series table.
     * @param series object to be saved.
     * @return the ID of the saved object.
     */
   public int create(Series series);

    /**
     * This is the method to be used to list down a
record from the Series
     * table.
     * @param id
     * @return the object found
     */
   public Series find(Integer id);

    /**
     * This is the method to be used to list down all the
records from the
     * Series table.
     * @return the list of Series.
     */
   public List<Series> get();

    /**
     * This is the method to be used to delete a record
from the Series table.
     */
   public void delete(Integer id);
```

```
    /**
     * This is the method to be used to update a record
into the Series table.
     */
    public Series update(Series series);
}
```

Y esta es la implementación mediante Hibernate:

```
package org.sistema.springmvc.rest.dao.impl;

import java.util.List;

import org.sistema.springmvc.rest.dao.SeriesDAO;
import org.sistema.springmvc.rest.models.Series;
import org.springframework.stereotype.Repository;
import org.springframework.transaction.annotation.
Transactional;

/**
 * Hibernate implementation for a SeriesDAO.
 * @author Eugenia Pérez Martínez.
 * @email eugenia_perez@cuatrovientos.org
 */
@Repository(value = "seriesDAO")
public class HibernateSeriesDAO extends
HibernateBaseDAO implements SeriesDAO {

    @Transactional
    public int create(Series series) {
        int id = (Integer) getSession().save(series);
        series.setId(id);
        return id;
    }

    @Transactional(readOnly = true)
    public Series find(Integer id) {
        Series series = (Series) getSession().get(Series.
class, id);
        return series;
    }

    @SuppressWarnings("unchecked")
    @Transactional(readOnly = true)
    public List<Series> get() {
```

```
      List<Series> series = null;
      series = getSession().createQuery("from Series").
list();
      return series;
   }

   @Transactional
   public void delete(Integer id) {
      Series series = (Series) getSession().load(Series.
class, id);
      getSession().delete(series);
   }

   @Transactional
   public Series update(Series series) {
      return (Series)getSession().merge(series);
   }
}
```

Fíjate que el *HibernateSeriesDAO*, además de implementar la interfaz *SeriesDAO*, hereda de una clase abstracta *HibernateBaseDAO* que contiene, entre otras cosas, la *sessionFactory*:

```
package org.sistema.springmvc.rest.dao.impl;

import org.hibernate.Session;
import org.hibernate.SessionFactory;

/**
 * Contains logic to be shared across all DAOs.
 * @author Eugenia Pérez Martínez.
 * @email eugenia_perez@cuatrovientos.org
 */
public abstract class HibernateBaseDAO {

   private SessionFactory sessionFactory;

   public SessionFactory getSessionFactory() {
      return sessionFactory;
   }

   public void setSessionFactory(SessionFactory
sessionFactory) {
      this.sessionFactory = sessionFactory;
   }
```

```
    /**
     * gives hibernate3 Session
     * @return current hibernate Session
     */
    protected Session getSession() {
        return sessionFactory.getCurrentSession();
    }

}
```

Para hacer correctamente la inyección de dependencias cuando hay herencia, debemos indicarlo convenientemente:

```
<bean id="abstractDAO" abstract="true"
    class="org.sistema.springmvc.rest.dao.impl.
HibernateBaseDAO">
    <property name="sessionFactory" ref="sessionFactory" />
</bean>
<bean id="seriesDAO" class="org.sistema.springmvc.rest.
dao.impl.HibernateSeriesDAO"
    parent="abstractDAO">
</bean>
```

11.3 CONSUMO DE SERVICIOS WEB DESDE EL CLIENTE

Ya tenemos nuestra *API Rest*. Ahora, estas acciones pueden ser llamadas desde cualquier dispositivo con conectividad a nuestra máquina, con la simple ayuda de un cliente que sea capaz de realizar peticiones HTTP. No necesitamos más. Así, por ejemplo, comenzaremos haciendo una petición mediante el navegador. Vamos a hacer una petición *GET* a la URL:

http://localhost:8080/springmvc.rest/series

Teniendo esto en cuenta, ¿qué acción responderá? El método *get* de nuestro controlador, que es el encargado de devolvernos todas las series almacenadas en nuestra base de datos:

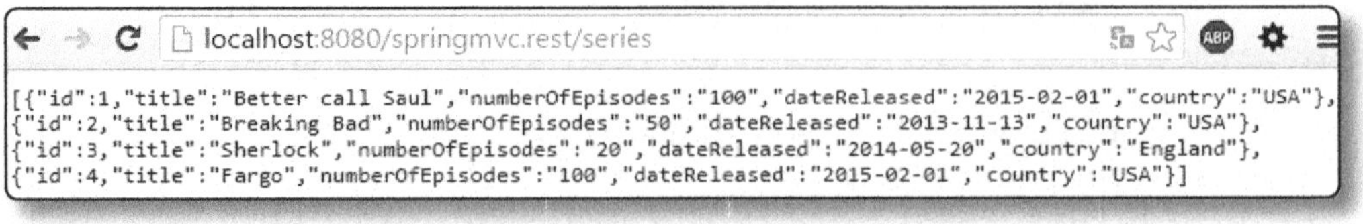

localhost:8080/springmvc.rest/series

[{"id":1,"title":"Better call Saul","numberOfEpisodes":"100","dateReleased":"2015-02-01","country":"USA"},
{"id":2,"title":"Breaking Bad","numberOfEpisodes":"50","dateReleased":"2013-11-13","country":"USA"},
{"id":3,"title":"Sherlock","numberOfEpisodes":"20","dateReleased":"2014-05-20","country":"England"},
{"id":4,"title":"Fargo","numberOfEpisodes":"100","dateReleased":"2015-02-01","country":"USA"}]

Figura 14.5. Ejemplo de respuesta JSON para el método get

Veamos ahora cómo podríamos invocar a la acción *create*, que es la encargada de crear nuevas series. Para ello, vamos a utilizar una extensión de Chrome llamada Chrome Rest Client:

https://chrome.google.com/webstore/detail/advanced-rest-client/hgmloofddffdnphfgcellkdfbfbjeloo/reviews?hl=en-US&utm_source=ARC

Esta extensión nos permite realizar todo tipo de peticiones HTTP.

http://localhost:8080/springmvc.rest/series

GET POST PUT PATCH DELETE HEAD OPTIONS Other

Raw Form **Headers**

Raw Form Files (0) **Payload**

```
{"title":"The Soprano","numberOfEpisodes":"30","dateReleased":"1990-02-01","country":"USA"}
```

Figura 14.6. Petición POST de una nueva película

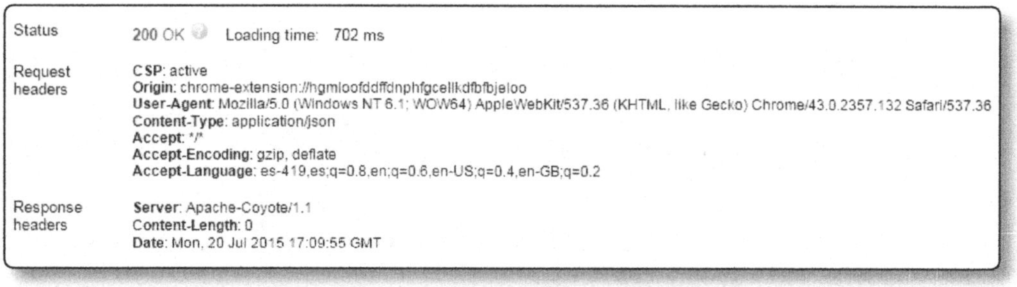

Status	200 OK Loading time: 702 ms
Request headers	**CSP**: active **Origin**: chrome-extension://hgmloofddffdnphfgcellkdfbfbjeloo **User-Agent**: Mozilla/5.0 (Windows NT 6.1; WOW64) AppleWebKit/537.36 (KHTML, like Gecko) Chrome/43.0.2357.132 Safari/537.36 **Content-Type**: application/json **Accept**: */* **Accept-Encoding**: gzip, deflate **Accept-Language**: es-419,es;q=0.8,en;q=0.6,en-US;q=0.4,en-GB;q=0.2
Response headers	**Server**: Apache-Coyote/1.1 **Content-Length**: 0 **Date**: Mon, 20 Jul 2015 17:09:55 GMT

Figura 14.7. Respuesta para petición exitosa

Como se puede ver en la imagen anterior, estamos haciendo un *POST* sobre la URL */series*, pasando en el *body* un objeto JSON con la información de la nueva serie a crear. Además, abajo vemos que la respuesta devuelta ha sido *true*, con lo que todo ha ido bien.

De la misma manera, invocamos a la acción de *update* mediante la URL / *series/2*, para actualizar la serie con ID 2 y mediante el método *PUT*.

http://localhost:8080/springmvc.rest/series/2

GET POST PUT PATCH DELETE HEAD OPTIONS Other

Raw Form Headers

Raw Form Files (0) Payload

{"id":2, "title":"Breaking Bad","numberOfEpisodes":"100","dateReleased":"2013-11-13","country":"USA"}

Figura 14.8. Actualización de la serie 2 con el método put

Por último, veamos cómo se consumen los métodos de esta API desde JavaScript, algo muy común para realizar conexiones asíncronas cliente-servidor mediante Ajax.

```
<!DOCTYPE html>
<html>
<head>
<meta charset="ISO-8859-1">
<title>Insert title here</title>
<style>
table {
  font-family: "Trebuchet MS", Arial, Helvetica, sans-
serif;
  width: 100%;
  border-collapse: collapse;
}

table td, #customers th {
  font-size: 1em;
  border: 1px solid #98bf21;
  padding: 3px 7px 2px 7px;
}

table th {
  font-size: 1.1em;
  text-align: left;
```

```
    padding-top: 5px;
    padding-bottom: 4px;
    background-color: #A7C942;
    color: #ffffff;
}

table tr.alt td {
    color: #000000;
    background-color: #EAF2D3;
}

footer {
    margin-top: 2em;
    border-top: 1px solid #98bf21;
}
</style>
</head>
<body>
    <h1>Get all series demo</h1>
    <table>
        <thead>
            <tr>
                <th>ID</th>
                <th>Title</th>
                <th>Date release</th>
                <th>Number of episodes</th>
                <th>Country</th>
            </tr>
        </thead>
        <tbody></tbody>
    </table>

    <h1>Update user demo</h1>
    <p>The following user is going to be sent:</p>
    <code>{"id":1,"title":"Breaking
        Bad","numberOfEpisodes":"100","dateReleas
ed":"2015-01-02","country":"USA"}</code>
    <br />
    <button id="updateSeries">Update</button>
    <footer>By Eugenia Pérez</footer>
</body>
<script src="//code.jquery.com/jquery-1.11.2.min.js"></
script>
<script>
$.get('http://localhost:8081/springRest/series',
function(data){
    var tableData = $('table tbody');
```

```
    $.each(data, function(idx, elm){
      tableData.append(‘<tr><td>’ + elm.id + ‘</td><td>’
+ elm.title +
      ‘</td><td>’ + elm.dateReleased +
      ‘</td><td>’ + elm.numberOfEpisodes +
      ‘</td><td>’ + elm.country + ‘</td></tr>’)
    });
});

$(‘#updateSeries’).on(‘click’, function(){
    $.ajax({
       url: “http://localhost:8081/springRest/series/1”,
       type: “PUT”,
       data: JSON.stringify({
          “id” : 1,
          “title” : “Breaking Bad”,
          “numberOfEpisodes” : “100”,
          “dateReleased” : “2015-01-02”,
          “country”:”USA”
          }),
       contentType: “application/json”
      }).done(function(response){
        alert(response);
      });
});
</script>
</html>
```

En el ejemplo anterior podemos ver cómo consumir la acción de *get* y la de *update* mediante los métodos HTTP *GET* y *PUT*, ayudándonos de la librería jQuery.

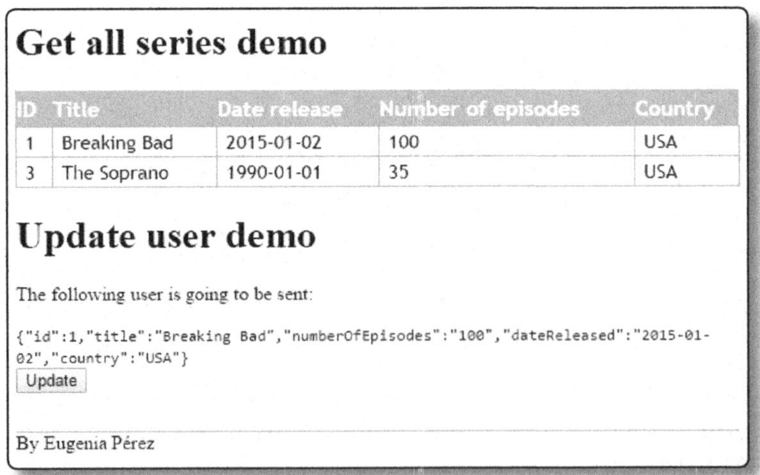

Figura 14.9. Presentación de la información recibida procesada por jQuery

11.4 CONSUMO DE SERVICIOS WEB DESDE OTRAS APLICACIONES

Aunque con el auge de las aplicaciones que cada vez hacen más cosas desde el cliente, el escenario más común de los servicios REST es nutrir de datos al código JavaScript que corre en el cliente, estos servicios están disponibles para cualquiera que los invoque. Por tanto, pueden ser invocados desde cualquier otra aplicación desarrollada con tecnología servidor. Veamos cómo obtener la serie con ID 3 desde una aplicación Java de consola:

```
package org.sistema.rest.client;

import java.io.BufferedReader;
import java.io.IOException;
import java.io.InputStreamReader;
import java.net.HttpURLConnection;
import java.net.MalformedURLException;
import java.net.URL;

/**
 * Rest client sample app.
 * @author Eugenia Pérez Martínez
 * @email eugenia_perez@cuatrovientos.org
 */
public class Main {

  public static void main(String[] args) {
    try {
      URL url = new URL("http://localhost:8081/
springRest/series/3");
      HttpURLConnection conn = (HttpURLConnection)
url.openConnection();
      conn.setRequestMethod("GET");
      conn.setRequestProperty("Accept", "application/
json");

      if (conn.getResponseCode() != 200) {
        throw new RuntimeException("Failed : HTTP
error code : "
            + conn.getResponseCode());
      }

      BufferedReader br = new BufferedReader(new
InputStreamReader(
          (conn.getInputStream())));
```

```
            String output;
            System.out.println("Output from Server ....
\n");
            while ((output = br.readLine()) != null) {
              System.out.println(output);
            }
            conn.disconnect();

          } catch (MalformedURLException e) {
            e.printStackTrace();
          } catch (IOException e) {
            e.printStackTrace();
          }
      }
  }
```

Esto daría como resultado por pantalla lo siguiente:

```
<terminated> Main (2) [Java Application] C:\Program Files (x86)\Java\jre7\bin\javaw.exe (5/1/2015 22:27:35)
Output from Server ....

{"id":3,"title":"The Soprano","numberOfEpisodes":"35","dateReleased":"1990-01-01","country":"USA"}
```

Figura 14.10. Salida por pantalla del resultado del consumo del SW mediante Java

12

COLAS DE MENSAJES

12.1 UTILIDAD DE LAS COLAS DE MENSAJES

Spring nos permite utilizar muchas clases de recursos para desarrollar aplicaciones empresariales. Dos de esos recursos habituales en ese tipo de aplicaciones son las *message queues* o colas de mensajes y el envío de *emails*. Las colas de mensajes permiten la comunicación asíncrona entre programas o sistemas; a diferencia del *email*, tienen la ventaja de que además de mandar mensajes, pueden enviar directamente instancias de objetos.

En el siguiente ejemplo pondremos a prueba estas dos tecnologías creando dos proyectos que funcionarán conjuntamente:

- **SpringMailer**: un proyecto Spring basado en Maven que crea un *bean* capaz de enviar correos electrónicos.
- **SpringMessageQueueSimple**: un proyecto Spring basado en Maven que intercambia mensajes de pedidos entre dos hilos:
  - *MessageSender*: crea un pedido y lo manda a la cola.
  - *MessageReceiver*: recibe el pedido de la cola y manda un *email* usando el proyecto anterior como dependencia Maven.

Esto se podría hacer en un único proyecto, pero resulta interesante mostrar como podemos crear proyectos independientes para luego reutilizarlos. Al utilizar Maven en ambos proyectos, resulta extremadamente sencillo poder incluir uno en otro ya que estarán usando el mismo repositorio común.

12.2 CASO PRÁCTICO: EL CORREO ELECTRÓNICO

El correo electrónico no se puede mandar de cualquier manera ya que los servidores no admiten el envío de *emails* a menos que se cumplan una serie de requisitos. Uno de ellos es que quien envía debe autenticarse. Por lo tanto para poder probar con éxito este proyecto es preciso utilizar una cuenta de correo válida.

En el ejemplo se dan las pautas de configuración para utilizar una cuenta de Gmail. Hay que tener en cuenta que Gmail utiliza cifrado y puertos distintos a los habituales y eso hay que especificarlo correctamente. En caso de querer usar otro sistema, hay que tomar nota de las configuraciones necesarias.

No obstante, existen proyectos de servidores de correo falsos (*Mock SMTP*) que nos permiten llevar a cabo pruebas sin necesidad de utilizar una cuenta pública y legítima en la fase de desarrollo.

Veamos a continuación un ejemplo. El proyecto no tiene más que una clase llamada *Emailer* que simplifica al máximo el envío de correos con una serie de atributos como *to*, *from*, *subject*, etc., y un método *send()* que devuelve un valor *booleano* indicando si el correo se mandó correctamente o no.

A esta clase llamada *Emailer* le debemos inyectar un *bean* llamado *mailSender* que nos proporciona Spring en org.*springframework.mail.javamail.JavaMailSenderImpl*. Este *bean* es el que debemos configurar y el que la clase *Mailer* utiliza internamente para mandar el correo.

Por último tenemos una clase con el método *main* para poder probar el envío de correos.

Vamos a ver cada uno de los elementos uno por uno. Especial importancia tiene el fichero de *beans* Spring, ya que este contiene toda la configuración necesaria para que el envío funcione correctamente.

```
<?xml version="1.0" encoding="UTF-8"?>
<beans xmlns="http://www.springframework.org/schema/
beans"
   xmlns:xsi="http://www.w3.org/2001/XMLSchema-instance"
xmlns:context="http://www.springframework.org/schema/
context"
   xsi:schemaLocation="http://www.springframework.org/
schema/beans
   http://www.springframework.org/schema/beans/spring-
beans-4.1.xsd
   http://www.springframework.org/schema/context
```

```
http://www.springframework.org/schema/context/spring-
context-4.1.xsd">

  <!-- With this we can get some property values from
another file an so we
  don't have to show any password here. It's worth
mentioning that this property
  values will populate not only to this file but also to
annotations in source
     code. -->
  <context:property-placeholder location="emailer.
properties" />
  <!-- Springs mail Sender implementation. In this case
I'm using gmail and
     It's a bit tricky as you see. -->
  <bean id="mailSender" class="org.springframework.
mail.javamail.JavaMailSenderImpl">
     <property name="host">
       <value>${email.host}</value>
     </property>
     <property name="port">
       <value>${email.port}</value>
     </property>
     <property name="protocol">
       <value>${email.protocol}</value>
     </property>
     <property name="username">
       <value>${email.username}</value>
     </property>
     <property name="password">
       <value>${email.password}</value>
     </property>
     <property name="javaMailProperties">
       <props>
          <prop key="mail.smtp.auth">true</prop>
          <prop key="mail.smtp.starttls.enable">true</
prop>
          <prop key="mail.smtp.quitwait">false</prop>
          <prop key="mail.smtp.ssl.trust">${email.
host}</prop>
       </props>
     </property>
  </bean>
```

```
  <bean id="emailer" class="org.sistema.spring.email.
Emailer">
      <property name="mailSender" ref="mailSender" />
  </bean>
</beans>
```

Este fichero de *beans* hace referencia a un fichero externo de *properties*:

```
<context:property-placeholder location="emailer.
properties" />
```

Esto nos da la opción de poder separar los datos de la cuenta de correo en un fichero aparte, cosa que puede resultar interesante como medida de seguridad.

La clase *Email* es prácticamente un POJO con un método añadido para mandar correos. El atributo de *mailSender* le viene inyectado. Internamente utiliza un *helper* para ser capaz de trabajar con adjuntos.

```
package org.sistema.spring.email;

import java.util.Vector;
import org.springframework.core.io.Resource;
import org.springframework.mail.javamail.
JavaMailSender;
import org.springframework.mail.javamail.
MimeMessageHelper;
import javax.mail.MessagingException;
import javax.mail.internet.MimeMessage;

/**
 * Sends emails using Spring framework facilities mail
server config resides in
 * context + properties files
 * @author Eugenia Pérez Martínez
 * @email eugenia_perez@cuatrovientos.org
 */
public class Emailer {

  private JavaMailSender mailSender;

  private Vector<Resource> attachments = new
Vector<Resource>();
  private String from;
  private String to;
  private String subject;
  private String text;
```

```
  /**
   * default constructor
   */
  public Emailer() {
  }

  /**
   * @param from
   * @param to
   * @param subject
   * @param text
   */
  public Emailer(String from, String to, String
subject, String text) {
    this.from = from;
    this.to = to;
    this.subject = subject;
    this.text = text;
  }

  /**
   * sends email with attachments if any
   * @return
   */
  public boolean send() {
    boolean result = false;
    MimeMessage message = mailSender.
createMimeMessage();
    MimeMessageHelper helper;
    try {
      helper = new MimeMessageHelper(message, true);

      helper.setFrom(from);// It has to be the same
than the one used to
            // log in
      helper.setTo(to);
      helper.setSubject(subject);
      helper.setText(text);

      // For each filename in attachment Vector
      // we add an attachment
      for (int i = 0; i < attachments.size(); i++)
        helper.addAttachment(attachments.get(i).
getFilename(),
            attachments.get(i));
```

```
            mailSender.send(message);
            attachments.clear();
            result = true;
        } catch (MessagingException e) {
            System.err.println("MessagingException :" +
e.getMessage());
        } catch (Exception e) {
            System.err.println("General Exception :" +
e.getMessage());
        }
        return result;
    }

    /**
     * adds an attachment to our email
     * @param fileName
     */
    public void addAttachment(Resource fileName) {
        attachments.add(fileName);
    }

    /**
     * @return the mailSender
     */
    public JavaMailSender getMailSender() {
        return mailSender;
    }

    /**
     * @param mailSender
     *        the mailSender to set
     */
    public void setMailSender(JavaMailSender mailSender) {
        this.mailSender = mailSender;
    }

    /*
     * (non-Javadoc)
     *
     * @see java.lang.Object#toString()
     */
    @Override
    public String toString() {
        return "Emailer [from=" + from + ", to=" + to + ",
subject=" + subject
```

```
            + "]";
    }

    /**
     * @return the from
     */
    public String getFrom() {
        return from;
    }

    /**
     * @param from
     * the from to set
     */
    public void setFrom(String from) {
        this.from = from;
    }

    /**
     * @return the to
     */
    public String getTo() {
        return to;
    }

    /**
     * @param to the to to set
     */
    public void setTo(String to) {
        this.to = to;
    }

    /**
     * @return the subject
     */
    public String getSubject() {
        return subject;
    }

    /**
     * @param subject the subject to set
     */
    public void setSubject(String subject) {
        this.subject = subject;
    }
```

```
    /**
     * @return the text
     */
    public String getText() {
        return text;
    }

    /**
     * @param text the message to set
     */
    public void setText(String text) {
        this.text = text;
    }
}
```

Ahora veremos la clase *App* que lanza la aplicación:

```
package org.sistema.spring.email;

import java.io.FileInputStream;
import java.io.IOException;
import java.io.InputStream;
import java.util.Properties;
import org.springframework.context.ApplicationContext;
import org.springframework.context.support.
ClassPathXmlApplicationContext;

/**
 * Main App, gets an instance from Spring context and
sends an email.
 * @author Eugenia Pérez Martínez.
 * @email eugenia_perez@cuatrovientos.org
 */
public class App {

    static Properties prop;

    private static void loadProperties() {
        prop = new Properties();

        try {
            prop.load(new FileInputStream(
                "src/main/resources/emailer.properties"));
        } catch (IOException e) {
            e.printStackTrace();
        }
    }
```

```
    public static void main(String args[]) {
        ApplicationContext context = new
ClassPathXmlApplicationContext(
                "springmailer.xml");
        loadProperties();
        Emailer emailer = (Emailer) context.
getBean("emailer");

        System.out.println("Sending email: ");

        emailer.setFrom(prop.getProperty("email.
username"));
        emailer.setTo("PUT_TO_VALUE@anyother.com");
        emailer.setSubject("Testing Spring email, versión 4");
        emailer.setText("Testing email.");
        emailer.addAttachment(context.getResource("6666_1.
jpg"));

        if (emailer.send()) {
            System.out.println("OK Email Sent! " + emailer.
toString());
        } else {
            System.err.println("Error, something went wrong");
        }
    }
}
```

Este proyecto se ha configurado para utilizar el SMTP de Outlook.com. Se ha probado también el de Gmail, pero por restricciones de seguridad hay que deshabilitar determinadas configuraciones de uso de nuestra cuenta para que esté habilitado. Una consideración a tener en cuenta es que no podemos utilizar una cuenta en el *from* del correo a enviar distinta a la que utilizamos para *loguearnos* en el servicio SMTP. Esto es por motivos obvios de seguridad, ya que si no podríamos suplantar muy fácilmente la identidad de otra persona y enviar correos en su nombre con solo saber su dirección de correo.

12.2.1 Integración de colas de mensajes y correo electrónico

Para este proyecto vamos a necesitar un servidor de colas de mensajes, y uno sencillo y que podemos instalar sin problemas es el Apache ActiveMQ. Una vez instalado hay que ponerlo en marcha para que el proyecto funcione.

12.2.1.1 INSTALACIÓN DE APACHE ACTIVEMQ

Este proyecto que forma parte de la fundación Apache podemos descargarlo de su página web: *http://activemq.apache.org/*, y en concreto en el momento de escribir esto la versión disponible para Windows y Linux era la 5:

http://activemq.apache.org/activemq-5100-release.html

Una vez descargado el *zip*, lo descomprimimos en un directorio y lo podemos arrancar. ActiveMQ funciona mediante *scripts*, así que sería recomendable descomprimir el software en una ruta de directorio que no contenga espacios en blanco o tildes, ya que puede dar lugar a errores. Por otro lado, en la documentación y en los *README* puede que exija que se establezcan algunas variables de entorno *JAVA_HOME*, pero a la hora de la verdad, lo normal es que se ejecute sin problemas.

La forma más simple de ejecutarlo es abriendo el directorio donde hemos descomprimido ActiveMQ, vamos al directorio *bin* y desde ahí podemos hacer doble clic sobre el fichero *batch activemq.bat.*

Entrar en la carpeta *win32* o *win64* que nos corresponda y ejecutar *activemq.bat*, tal y como se ve en la imagen:

```
ActiveMQ
678-0:1) is starting
jvm 1    |  INFO | Listening for connections at: tcp://user-PC:61616?maximumConn
ections=1000&wireFormat.maxFrameSize=104857600
jvm 1    |  INFO | Connector openwire started
jvm 1    |  INFO | Listening for connections at: amqp://user-PC:5672?maximumConn
ections=1000&wireFormat.maxFrameSize=104857600
jvm 1    |  INFO | Connector amqp started
jvm 1    |  INFO | Listening for connections at: stomp://user-PC:61613?maximumCo
nnections=1000&wireFormat.maxFrameSize=104857600
jvm 1    |  INFO | Connector stomp started
jvm 1    |  INFO | Listening for connections at: mqtt://user-PC:1883?maximumConn
ections=1000&wireFormat.maxFrameSize=104857600
jvm 1    |  INFO | Connector mqtt started
jvm 1    |  INFO | Listening for connections at ws://user-PC:61614?maximumConnec
tions=1000&wireFormat.maxFrameSize=104857600
jvm 1    |  INFO | Connector ws started
jvm 1    |  INFO | Apache ActiveMQ 5.10.0 (localhost, ID:user-PC-5210-142054199
678-0:1) started
jvm 1    |  INFO | For help or more information please see: http://activemq.apac
he.org
jvm 1    |  INFO | ActiveMQ WebConsole available at http://0.0.0.0:8161/
jvm 1    |  INFO | Initializing Spring FrameworkServlet 'dispatcher'
jvm 1    |  INFO | jolokia-agent: No access restrictor found at classpath:/jolok
ia-access.xml, access to all MBeans is allowed
```

Figura 14.1. Arrancando Apache ActiveMQ

Y eso es todo. En principio para poder probar la cola de mensajes basta con ponerla en marcha. Podemos instalarla como servicio de Windows si fuera necesario.

Si el *script* ha arrancado sin problemas, veremos que abre una serie de puertos, el 61616 sería el puerto TCP que utilizaría para las colas que vamos a usar. Abre distintos puertos para varias tecnologías como *stomp*, *websockets*, etc.

12.2.1.2 INTERFAZ WEB DE ACTIVEMQ

Uno de los servicios que nos puede resultar interesante para monitorizar sería la interfaz web disponible en la URL: *http://localhost:8161*.

El acceso por defecto para gestionar el *ActiveBroker* sería con usuario **admin** y *password* **admin**, lo que nos llevará a un panel donde podremos ver las colas activas y los mensajes intercambiados, aunque de momento aún estará vacío.

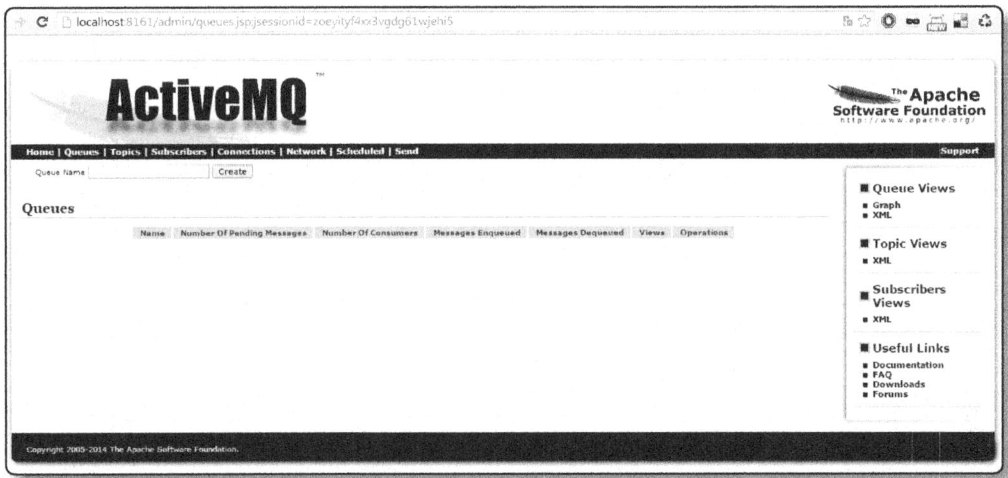

Figura 14.2. Gestión de colas de mensajería mediante Apache Activemq

Este proyecto simula un sistema en el que se generan pedidos de un restaurante y se mandan a una cola de mensajes. Los mensajes son leídos y procesados y por cada pedido se manda un *email*.

El proyecto consta de los siguientes componentes:

- *Order.java*: POJO que representa un pedido.
- *MessageSender.java*: esta clase es la que en un bucle infinito genera instancias de pedido y las manda a la cola.
- *MessageReceiver.java*: esta clase recibe los pedidos.
- *Main.java*: clase con método *main* que pone en marcha el *MessageSender* y el *MessageReceiver*.

El fichero de beans Spring

Esta es la parte crucial de este proyecto. Además de preparar el *bean* para el uso del ActiveMQ e indicar toda su configuración, debe inyectárselo al *MessageSender* y al *MessageReceiver*. A su vez, para que el *MessageReceiver* sea capaz de mandar un *email* de notificación, hay que inyectarle el *Emailer* que hemos desarrollado en el proyecto Spring Maven anterior.

```
<?xml version="1.0" encoding="UTF-8"?>
<beans xmlns="http://www.springframework.org/schema/
beans"
  xmlns:xsi="http://www.w3.org/2001/XMLSchema-instance"
  xmlns:jms="http://www.springframework.org/schema/jms"
  xmlns:amq="http://activemq.apache.org/schema/core"
  xsi:schemaLocation="http://activemq.apache.org/
schema/core
  http://activemq.apache.org/schema/core/activemq-core-
5.5.0.xsd
  http://www.springframework.org/schema/jms
  http://www.springframework.org/schema/jms/spring-jms-
4.1.xsd
  http://www.springframework.org/schema/beans
  http://www.springframework.org/schema/beans/spring-
beans-4.1.xsd">

<!-- Bean for connection with mq -->
<bean id="connectionFactory"
  class="org.apache.activemq.spring.
ActiveMQConnectionFactory">
  <property name="brokerURL" value="tcp://
localhost:61616"/>
</bean>

<!-- alternate way to do the same using amq tags -->
<!--amq:connectionFactory id="connectionFactory"
brokerURL="tcp://localhost:61616"/ -->

<!-- Now we declare a queue -->
<bean id="queue" class="org.apache.activemq.command.
ActiveMQQueue">
  <constructor-arg value="order.queue"/>
</bean>
<!-- Alternate way -->
<!-- <amq:queue id="queue" physicalName="order.queue"
/> -->
```

```
<!-- We could also create a topic queue -->
<!-- <bean id="topic" class="org.apache.activemq.
command.ActiveMQTopic">
<constructor-arg value="order.topic"/>
</bean>
-->
<!-- Alternate: <amq:topic id="topic"
physicalName="order.topic" />
 -->

<!-- JmsTemplate used by Spring to interact with a MQ
-->
<bean id="jmsTemplate" class="org.springframework.jms.
core.JmsTemplate">
  <property name="connectionFactory"
ref="connectionFactory" />
</bean>

 <!-- We get bean configurations/instances from
SpringEmailer project!! -->
 <import resource="classpath:/springmailer.xml" />

 <!-- We create a bean for email delivery -->
 <bean id="emailer" class="org.sistema.spring.email.
Emailer">
  <property name="mailSender" ref="mailSender" />
  <property name="from" value="elchesa@hotmail.com" />
  <property name="to" value="eugenia.perez.martinez@
gmail.com" />
 </bean>

 <!-- Message sender bean -->
 <bean id="messageSender" class="org.sistema.spring.
mq.MessageSender">
  <constructor-arg name="name" value="Sender" />
  <property name="jmsTemplate" ref="jmsTemplate" />
  <property name="queueName" value="order.queue" />
 </bean>

 <!--
 Message receiver bean
 It'll send an email for every message it receives, so
we inject the emailer bean
 -->
```

```
<bean id="messageReceiver" class="org.sistema.spring.
mq.MessageReceiver">
  <constructor-arg name="name" value="Receiver" />
  <property name="jmsTemplate" ref="jmsTemplate" />
  <property name="queueName" value="order.queue" />
  <property name="emailer" ref="emailer" />
</bean>

</beans>
```

Como se puede ver, debemos declarar la cola de mensajes que va a utilizar nuestra aplicación:

```
<bean id="queue" class="org.apache.activemq.command.
ActiveMQQueue">
  <constructor-arg value="order.queue"/>
</bean>
```

Además de eso, debemos indicar que vamos a utilizar los *beans* declarados en el proyecto *SpringMailer*. De esta manera podemos reutilizar su configuración:

```
<!-- We get bean configurations/instances from
SpringEmailer project!! -->
<import resource="classpath:/springmailer.xml" />
```

12.2.1.3 DEPENDENCIA DE OTRO PROYECTO MAVEN

¿Cómo es capaz de incluir el otro proyecto Maven en el *buildpath*? Muy sencillo. Haciendo referencia al artefacto Maven que declara el otro proyecto *SpringEmail*. El proyecto *SpringMailer* es un proyecto Maven y por tanto debe estar identificado con sus coordenadas, grupo, artefacto, etc.; es decir, en el fichero *pom.xml* del fichero *SpringEmail* tenemos algo así:

```
<groupId>org.sistema.spring.email</groupId>
<artifactId>springEmail</artifactId>
<version>0.0.1-SNAPSHOT</version>
```

Al ejecutar el **Run As... > Maven Install** de este proyecto en Eclipse, estamos compilando, empaquetando en un *jar*, etc., y lo que es más crucial para este caso, estamos incluyendo ese proyecto en nuestro repositorio local Maven. Podemos verificarlo buscando en *c:\Users\MI_USUARIO\.m2\repository* a través del nombre de paquete *org.sistema.spring.email*.

Una vez hecho este paso, ese artefacto Maven ya está disponible para ser usado en otros proyectos. Para incluir ese proyecto *SpringEmail* en el proyecto *springMessageQueue* no tenemos más que editar el *pom.xml* e incluir ese artefacto en la sección de dependencias:

```
<project xmlns="http://maven.apache.org/POM/4.0.0"
  xmlns:xsi="http://www.w3.org/2001/XMLSchema-instance"
  xsi:schemaLocation="http://maven.apache.org/POM/4.0.0
http://maven.apache.org/xsd/maven-4.0.0.xsd">
 <modelVersion>4.0.0</modelVersion>
 <groupId>org.sistema.spring.mq</groupId>
 <version>0.0.1-SNAPSHOT</version>
  <properties>
     <!-- Generic properties -->
     <java.version>1.8</java.version>
     <project.build.sourceEncoding>UTF-8</project.
build.sourceEncoding>
     <project.reporting.outputEncoding>UTF-8</project.
reporting.outputEncoding>
     <!-- Spring -->
     <spring-framework.version>4.1.3.RELEASE</spring-
framework.version>
     <!-- Logging -->
     <logback.version>1.0.13</logback.version>
     <slf4j.version>1.7.5</slf4j.version>
     <!-- Test -->
     <junit.version>4.11</junit.version>
  </properties>

  <dependencies>
     <dependency>
        <groupId>org.sistema.spring.email</groupId>
        <artifactId>springEmail</artifactId>
        <version>0.0.1-SNAPSHOT</version>
     </dependency>

     <!-- Spring and Transactions -->
     <dependency>
       <groupId>org.springframework</groupId>
       <artifactId>spring-context</artifactId>
       <version>${spring-framework.version}</version>
     </dependency>
     <dependency>
       <groupId>org.springframework</groupId>
       <artifactId>spring-tx</artifactId>
       <version>${spring-framework.version}</version>
     </dependency>
```

```
        <dependency>
          <groupId>org.springframework</groupId>
          <artifactId>spring-jms</artifactId>
          <version>${spring-framework.version}</version>
        </dependency>

        <dependency>
          <groupId>org.apache.activemq</groupId>
          <artifactId>activemq-core</artifactId>
          <version>5.7.0</version>
        </dependency>

        <!-- Logging with SLF4J -->
        <!-- dependency>
          <groupId>org.slf4j</groupId>
          <artifactId>slf4j-api</artifactId>
          <version>${slf4j.version}</version>
          <scope>compile</scope>
        </dependency -->
        <!-- Logging witth LogBack generates logs for ActiveMQ-->
        <!-- dependency>
          <groupId>ch.qos.logback</groupId>
          <artifactId>logback-classic</artifactId>
          <version>${logback.version}</version>
          <scope>runtime</scope>
        </dependency -->

        <!-- Test Artifacts -->
        <dependency>
          <groupId>org.springframework</groupId>
          <artifactId>spring-test</artifactId>
          <version>${spring-framework.version}</version>
          <scope>test</scope>
        </dependency>

        <dependency>
          <groupId>junit</groupId>
          <artifactId>junit</artifactId>
          <version>${junit.version}</version>
          <scope>test</scope>
        </dependency>

    </dependencies>
    <artifactId>springMessageQueue</artifactId>
  </project>
```

La clase MessageSender.java

Esta clase no es más que un hilo que en un bucle infinito genera pedidos y los entrega a la cola de mensajes. Para interactuar con la cola de mensajes hace uso de un *bean* inyectado y configurado por Spring gracias a la configuración del fichero de *beans*.

```
package org.sistema.spring.mq;

import java.util.Random;
import javax.jms.JMSException;
import javax.jms.Message;
import javax.jms.Session;
import org.springframework.jms.core.JmsTemplate;
import org.springframework.jms.core.MessageCreator;

/**
 * Sends messages to apache MQ
 * @author Eugenia Pérez Martínez
 * @email eugenia_perez@cuatrovientos.org
 */
public class MessageSender extends Thread {

  private Random random;
  private JmsTemplate jmsTemplate;
  private String queueName;

  /**
   * default constructor
   */
  public MessageSender(String name) {
    super(name);
    random = new Random();
  }

  /**
   * main thread loop
   */
  public void run() {
    String[] products = { "BigMac", "Chips", "Coke" };
    Order order = null;
    int counter = 0;

    while (true) {
      try {
```

```
            sleep(random.nextInt(15000));
            counter++;
            order = new Order(products[random.nextInt(3)],
                random.nextInt(5));
            System.out.println("[" + counter + "] Sending
order: "
                + order.toString());
            sendMessage(order);
        } catch (InterruptedException e) {
            // TODO Auto-generated catch block
            e.printStackTrace();
        }
      }
    }

    /**
     * sends message to queue
     * http://docs.spring.io/spring/docs/3.0.0.M3/
reference/html/ch23s03.html
     *
     * @param order
     */
    private void sendMessage(final Order order) {
      jmsTemplate.send(queueName, new MessageCreator() {
        public Message createMessage(Session session)
throws JMSException  {
          return session.createObjectMessage(order);
        }
      });
    }

    /**
     * @return the jmsTemplate
     */
    public JmsTemplate getJmsTemplate() {
      return jmsTemplate;
    }

    /**
     * @param jmsTemplate the jmsTemplate to set
     */
    public void setJmsTemplate(JmsTemplate jmsTemplate) {
      this.jmsTemplate = jmsTemplate;
    }
```

```
    /**
     * @return the queueName
     */
    public String getQueueName() {
      return queueName;
    }

    /**
     * @param queueName the queueName to set
     */
    public void setQueueName(String queueName) {
      this.queueName = queueName;
    }
  }
```

La clase MessageReceiver.java

Esta clase es muy similar a *MessageSender.java*, solo que en lugar de mandar mensajes a la cola trata de leerlos. Si encuentra algún mensaje nuevo, utiliza una instancia de la clase *Emailer* que le ha inyectado Spring para mandar un *email*.

```
package org.sistema.spring.mq;

import java.util.Random;
import javax.jms.JMSException;
import javax.jms.ObjectMessage;
import org.sistema.spring.email.Emailer;
import org.springframework.jms.core.JmsTemplate;

/**
 * Receives messages to apache MQ
 * @author Eugenia Pérez Martínez
 * @email eugenia_perez@cuatrovientos.org
 */
public class MessageReceiver extends Thread {

  private Random random;
  private String queueName;
  private Emailer emailer;
  private JmsTemplate jmsTemplate;

  /**
   * default constructor
   */
  public MessageReceiver(String name) {
```

```
        super(name);
        random = new Random();
    }

    /**
     * main thread loop
     */
    public void run() {
        Order order = null;
        int counter = 0;

        while (true) {
            try {
                sleep(random.nextInt(5));
                order = receiveMessage();

                if (null != order) {
                    counter++;
                    System.out.println("[" + counter + "] Order rcv: "
                            + order.toString());
                    sendEmailWithOrder(order, counter);
                } else {
                    System.out.println("Order is null ");
                }
            } catch (InterruptedException e) {
                // TODO Auto-generated catch block
                e.printStackTrace();
            }
        }
    }

    /**
     * @param order
     * @param counter
     */
    private void sendEmailWithOrder(Order order, int
counter) {
        emailer.setSubject("Order recv: ");
        emailer.setText(order.toString());
        System.out.println("Sending email...");

        if (emailer.send()) {
            System.out.println("[" + counter + "] Email sent");
        } else {
            System.err.println("[" + counter
```

```
            + "] There was a problem sending the email");
        }
    }

    /**
     * reads message from queue
     * @return Order
     */
    private Order receiveMessage() {
        try {
            ObjectMessage receivedMessage = (ObjectMessage)
jmsTemplate
                .receive(queueName);
            Order order = (Order) receivedMessage.
getObject();

            return order;
        } catch (JMSException jmsException) {
            System.err.println("Error reading msg: "
                + jmsException.getMessage());
        }
        return null;
    }

    /**
     * @return the jmsTemplate
     */
    public JmsTemplate getJmsTemplate() {
        return jmsTemplate;
    }

    /**
     * @param jmsTemplate the jmsTemplate to set
     */
    public void setJmsTemplate(JmsTemplate jmsTemplate) {
        this.jmsTemplate = jmsTemplate;
    }

    /**
     * @return the queueName
     */
    public String getQueueName() {
        return queueName;
    }
```

```
    /**
     * @param queueName the queueName to set
     */
    public void setQueueName(String queueName) {
      this.queueName = queueName;
    }

    /**
     * @return the emailer
     */
    public Emailer getEmailer() {
      return emailer;
    }

    /**
     * @param emailer
     *        the emailer to set
     */
    public void setEmailer(Emailer emailer) {
      this.emailer = emailer;
    }
}
```

La clase Order.java

No es más que un POJO o *Plain Old Java Object*, es decir, una clase que no tiene más que atributos, *getters* y *setters* y que en este caso modela un pedido. Esta clase representa el mensaje que se intercambiarán el *MessageSender* y el *MessageReceiver* a través de la cola de mensajes. Debe implementar *Serializable* para que una instancia de esta clase se pueda mandar a un servidor de colas.

```
package org.sistema.spring.mq;

import java.io.Serializable;

/**
 * Represents a product order
 * @author Eugenia Pérez Martínez
 * @email eugenia_perez@cuatrovientos.org
 */
public class Order implements Serializable {
  private String product;
  private int qty;
```

```
/**
 * default constructor
 */
public Order() {
}

/**
 * @param product
 * @param qty
 */
public Order(String product, int qty) {
  this.product = product;
  this.qty = qty;
}

/**
 * @return the product
 */
public String getProduct() {
  return product;
}

/**
 * @param product the product to set
 */
public void setProduct(String product) {
  this.product = product;
}

/**
 * @return the qty
 */
public int getQty() {
  return qty;
}

/**
 * @param qty the qty to set
 */
public void setQty(int qty) {
  this.qty = qty;
}

/*
 * (non-Javadoc)
```

```
     * @see java.lang.Object#toString()
     */
    @Override
    public String toString() {
        return "Order [product=" + product + ", qty=" +
qty + "]";
    }
}
```

Esta es la clase que contiene el método *main* y que inicia todo el sistema. Lo único que hace es sacar de Spring las instancias de *MessageSender* y *MessageReceiver* y ponerlas en marcha.

```
package org.sistema.spring.mq;

import org.springframework.context.ApplicationContext;
import org.springframework.context.support.
ClassPathXmlApplicationContext;

/**
 * Main program, starting point of our project
 *
 * @author Eugenia Pérez Martínez
 * @email eugenia_perez@cuatrovientos.org
 */
public class Main {

    /**
     * @param args
     */
    public static void main(String[] args) {
        // TODO Auto-generated method stub
        ApplicationContext context = new
ClassPathXmlApplicationContext(
                "messagequeue.xml");
        MessageSender messageSender = (MessageSender)
context
                .getBean("messageSender");
        MessageReceiver messageReceiver =
(MessageReceiver) context
                .getBean("messageReceiver");
        messageSender.start();
        messageReceiver.start();
    }
}
```

En la consola veremos lo siguiente al ejecutarla:

```
15:26:07.213 [ActiveMQ Task-1] DEBUG o.a.a.transport.
tcp.TcpTransport - Closed socket Socket[addr=localhost/
127.0.0.1,port=61616,localport=7503]
15:26:07.213 [Sender] DEBUG o.a.activemq.util.
ThreadPoolUtils - Forcing shutdown of ExecutorService:
java.util.concurrent.ThreadPoolExecutor@13b8dae[Runni
ng, pool size = 1, active threads = 0, queued tasks =
0, completed tasks = 1]
[1] Order rcv: Order [product=BigMac, qty=0]
Sending email...
```

Por cada orden recibida se enviará un correo, así que revisa tu bandeja de entrada. Además, en la interfaz de ActiveMQ podemos ver cuántos mensajes se envían y reciben:

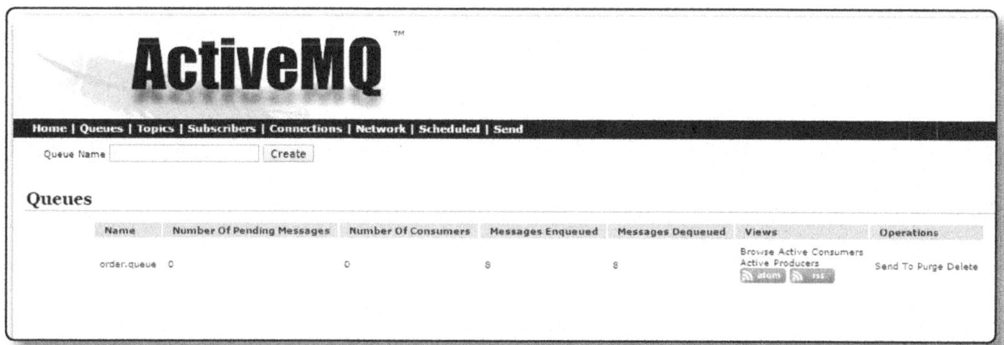

Figura 14.3. Gestión de mensajes mediante Apache Activemq

13

GESTIÓN DE DEPENDENCIAS CON MAVEN

Maven es una herramienta para la gestión y creación de proyectos software Java. Tiene un modelo de configuración de construcción más simple que Apache Ant y se basa en el formato XML. Actualmente constituye un proyecto de la fundación Apache Software.

Maven se basa en un *Project Object Model* (POM) para describir el proyecto de software a construir, sus componentes externos y dependencias de otros módulos, y orden de construcción de los elementos que integran el proyecto.

La estructura de directorios de un proyecto Maven sería similar a la siguiente:

- Proyecto/pom.xml
- Proyecto/src
  - Proyecto/src/main
    - Proyecto/src/main/java/Hello.java
    - Proyecto/src/main/resources
  - Proyecto/src/test

Tras ejecutar *mvn install*, se ejecutarían las siguientes tareas por defecto: procesar recursos si los hubiera, compilar código, compilar y pasar test unitarios si los hubiera, generar un fichero *jar* e instalarlo en el repositorio local para que otros proyectos lo puedan usar. En el proyecto se generaría la carpeta *target* con el resultado:

- Proyecto/target
  - Proyecto/target/Hello-1.0.jar
    - Proyecto/target/classes/Hello.class

Maven es mucho más que una herramienta para automatizar la compilación de código. Se considera como una herramienta para gestionar proyectos de software. Aunque en un primer vistazo nos encontramos con un fichero XML y un comando que pone todo en marcha (como *Ant*), Maven va mucho más allá. Partiendo de una interfaz única Maven es capaz de resolver las dependencias de los componentes del proyecto y reutiliza infinidad de *plugins* para resolver cualquier tarea.

La base de Maven es muy pequeña pero sin embargo según las tareas que se le requieran, de forma automática se descarga todos los *plugins* necesarios de un repositorio central a uno local. La mayor parte de las tareas de Maven las realizan esos *plugins*. Los IDE suelen tener soporte para crear proyectos basados en Maven.

13.1 REPOSITORIOS DE LIBRERÍAS

Maven se va descargando lo que necesita según las necesidades del proyecto. Una vez bajado no necesitará volver a bajarse algo, pero las primeras veces realizará múltiples descargas para inicializar apropiadamente el repositorio.

Existe un repositorio central y oficial de Maven, más el repositorio local que se va creando conforme desarrollamos proyectos.

13.2 DEPENDENCIAS

Uno de los quebraderos de cabeza al desarrollar con Java, aunque uses un IDE es la gestión de las dependencias. Esto quiere decir que por cada librería de terceros que quieras usar necesitas navegar hasta la página del producto, buscar la versión deseada, descargarla, importarla en tu proyecto, etc. Ese tedioso trabajo es algo que Maven hace por ti, y lo que es mejor, si existen dependencias extra (transitivas) las resuelve.

Si en el fichero *pom.xml* hemos indicado alguna dependencia como *junit*, Maven se encargará de importarla.

Si nuestro proyecto va acumulando dependencias podemos usar estos comandos para verlas:

```
mvn dependency:resolve
```

Y este para ver en forma de árbol:

```
mvn dependency:tree
```

13.3 CONFIGURACIÓN

Existen varias maneras de crear un proyecto con Maven. A continuación veremos algunas alternativas.

13.3.1 Desde consola

La gestión de un proyecto con Maven es un ciclo de vida completo, y en este caso el *install* no es más que una fase concreta de ese ciclo. Hay una fase llamada *package* que se encarga de empaquetar todo el software. Las fases lo que llevan consigo son determinadas tareas y así por ejemplo la fase *package* utilizará entre otras el *goal/tarea jar:jar*. (*plugin jar*, *goal jar*). Es decir, la fase es algo más general y un *goal* una tarea concreta que puede formar parte de una fase.

Al fichero *pom.xml* podemos ir añadiendo más cosas como las dependencias para que ejecute test unitarios. Aparte del fichero *pom.xml* del proyecto, Maven también llevará a cabo las tareas de ficheros POM superiores si los hay o un fichero POM general que incluye la distribución de Maven.

Veremos ahora cómo utilizar Maven desde consola. Para ello nos apoyaremos en el tutorial disponible en su página web:

http://maven.apache.org/guides/getting-started/maven-in-five-minutes.html

Asumiendo que Java (*jdk*) se encuentra instalado en nuestro equipo, procederemos a descargar Maven:

http://maven.apache.org/download.cgi

En el momento de la redacción de este documento la última versión disponible era la *apache-maven-3.2.3-bin.zip*. Descomprimimos el paquete descargado obteniendo una ruta similar a la siguiente:

C:\Program Files\apache-maven-3.2.3

Crea una variable de entorno de nombre *M2_HOME* cuyo valor sea la ruta anterior.

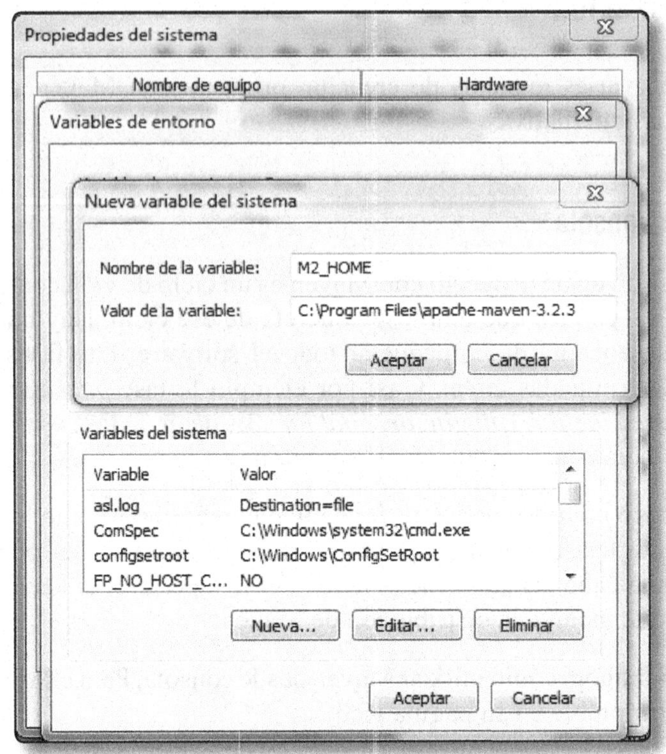

Figura 14.1. Creación de variable de entorno m2_home

A continuación crea una variable de entorno *M2* con el valor *%M2_HOME%\bin*.

Crea otra variable de sistema llamada *JAVA_HOME* que apunte a *C:\Program Files\Java\jdk1.7.0_45* (o a la versión de Java que tengas instalada). Por último, busca la variable de entorno *Path* (que ya existirá) y añádele el valor *%JAVA_HOME%\bin y %M2%*.

Para comprobar que Maven se ha instalado y configurado correctamente, abre una ventana de comandos y ejecuta *mvn --version*. Deberías obtener una salida similar a la siguiente:

```
Apache Maven 3.2.3
(33f8c3e1027c3ddde99d3cdebad2656a31e8fdf4; 2014-08-
11T22:58:1
0+02:00)
Maven home: C:\Program Files\apache-maven-3.2.3
```

```
Java version: 1.7.0_45, vendor: Oracle Corporation
Java home: C:\Program Files\Java\jdk1.7.0_45\jre
Default locale: es_ES, platform encoding: Cp1252
OS name: "windows 7", version: "6.1", arch: "amd64",
family: "windows"
```

Ahora ya podemos comenzar a crear un proyecto. Para ello, lo primero que necesitamos es crear una carpeta donde guardaremos el proyecto. Por ejemplo:

D:\workspace\testProject

Ahora abre una ventana de comandos y navega hasta ese directorio. A continuación introduce el comando:

```
mvn archetype:generate -DgroupId=com.mycompany.
app -DartifactId=my-app -DarchetypeArtifactId=maven-
archetype-quickstart -DinteractiveMode=false
```

La tarea *generate* creará un directorio con el mismo nombre que el *artifactId (my-app)*. Se crea la siguiente estructura de directorios:

```
my-app
|-- pom.xml
`-- src
    |-- main
    |   `-- java
    |       `-- com
    |           `-- mycompany
    |               `-- app
    |                   `-- App.java
    `-- test
        `-- java
            `-- com
                `-- mycompany
                    `-- app
                        `-- AppTest.java
```

Figura 14.2. Estructura de directorios creada tras la ejecución de la tarea Maven generate

El directorio *src/main/java* contiene el código fuente del proyecto, *src/test/java* el código de test y el fichero *pom.xml* es el *Project Object Model*, o POM.

13.3.1.1 EL POM

El fichero *pom.xml* es el núcleo de la configuración en Maven. Es un fichero que contiene la mayoría de la información requerida para generar el proyecto. Este fichero puede ser enorme y muy complejo, pero no es necesario entenderlo a fondo, sino que bastará con saber utilizarlo. El POM de este ejemplo es:

```
<?xml version="1.0" encoding="UTF-8"?>
<project xmlns="http://maven.apache.org/POM/4.0.0"
 xmlns:xsi="http://www.w3.org/2001/XMLSchema-instance"
 xsi:schemaLocation="http://maven.apache.org/POM/4.0.0
  http://maven.apache.org/xsd/maven-4.0.0.xsd">
 <modelVersion>4.0.0</modelVersion>
 <groupId>com.mycompany.app</groupId>
 <artifactId>my-app</artifactId>
 <version>1.0-SNAPSHOT</version>
 <packaging>jar</packaging>
 <name>Maven Quick Start Archetype</name>
 <url>http://maven.apache.org</url>

 <dependencies>
  <dependency>
   <groupId>junit</groupId>
   <artifactId>junit</artifactId>
   <version>4.8.2</version>
   <scope>test</scope>
  </dependency>
 </dependencies>
</project>
```

Una vez creado el proyecto, para generarlo basta con ejecutar el comando *mvn package* desde la terminal estando en el *path* de la aplicación recién creada (en este caso *D:\workspace\testProject\my-app*).

Como resultado de este comando se generará el ejecutable de nuestro proyecto. En este caso, como era un proyecto muy sencillo consistente en una clase *App.java*, se genera el correspondiente *App.class*. Podemos probar a ejecutarlo para ver si todo ha ido correctamente:

```
D:\workspace\testProject\my-app>java -cp target/my-app-
1.0-SNAPSHOT.jar com.mycompany.app.App
```

El resultado debe ser:

Hello World!

13.3.1.2 FASES DE MAVEN

Ya hemos visto una de las fases disponibles en Maven, esto es, *package*. No obstante, existen más, como por ejemplo:

- *validate*: valida que el proyecto es correcto y que toda la información necesaria está disponible.
- *compile*: compila el código fuente.
- *test*: prueba el código compilado utilizando un *framework* de *testing*.
- *package*: coge el código compilado, y lo empaqueta en un formato distribuible como por ejemplo *JAR*.
- *integration-test*: procesa y despliega el paquete si es necesario en un entorno donde se puedan ejecutar test de integración.
- *install*: instala el paquete en el repositorio local para que sea usado como dependencia desde otro proyecto.

13.3.2 Desde un IDE: Eclipse

Eclipse en su edición Java EE ya viene preparado para crear proyectos Maven, así que crear un proyecto Java de este tipo es relativamente sencillo.

File > New > Maven Project

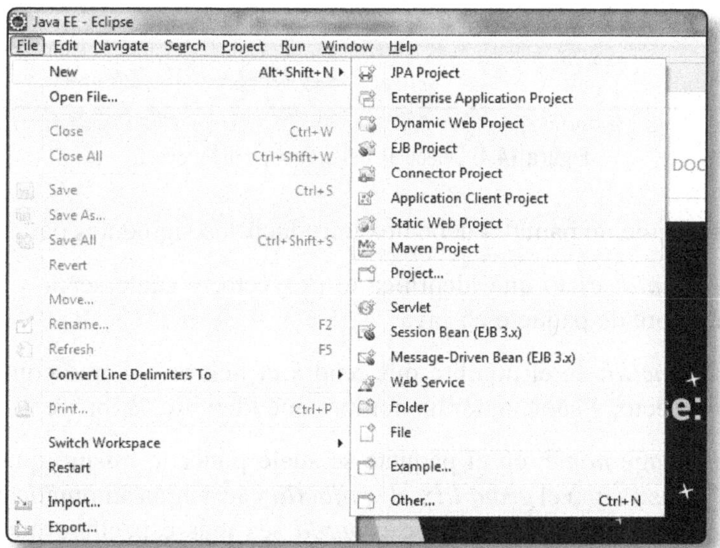

Figura 14.3. Creación de un proyecto Maven en Eclipse i

A continuación, debemos dejar marcada la opción de *Use default workspace location*.

Posteriormente debemos elegir un arquetipo. Los arquetipos no son más que tipos de proyectos, como si se trataran de plantillas. Por ejemplo, podemos generar un proyecto Maven orientado a la web que ya dispondrá de una estructura de directorios lista para trabajar. El arquetipo más simple para proyectos Java de consola sería *maven-archetype-quickstart*.

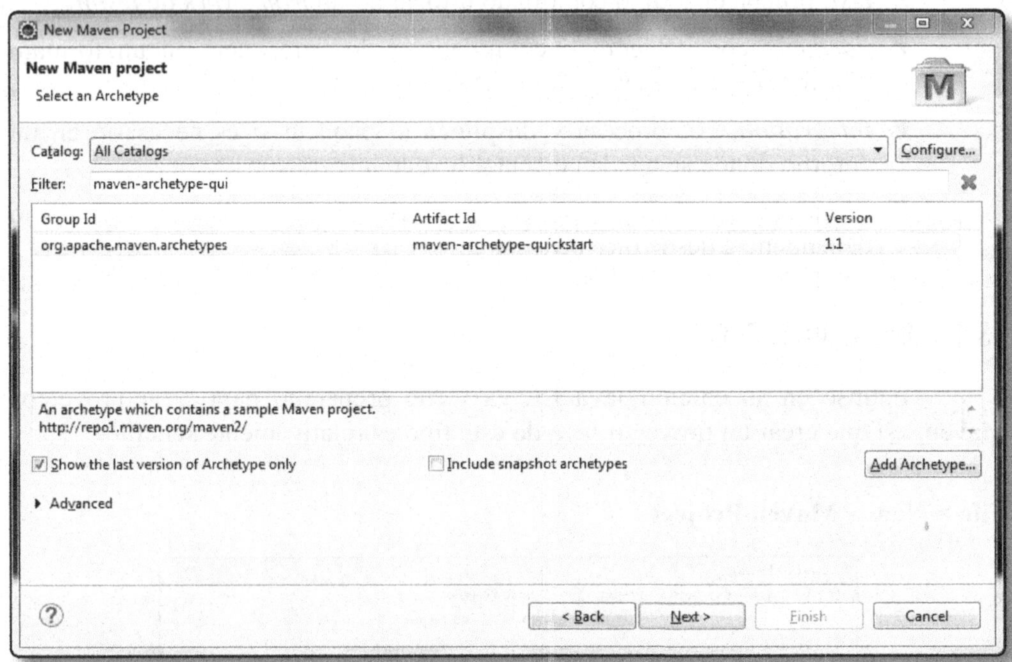

Figura 14.4. Selección del arquetipo del proyecto

En la siguiente pantalla debemos introducir los siguientes parámetros:

- *GroupId*: es lo que identifica el proyecto, y suele ser lo mismo que el nombre de paquete en Java.
- *ArtifactId*: es el nombre que tendrá el fichero *jar* que contiene todo el proyecto, y suele tener un nombre que identifica el proyecto.
- *Package name*: en el paquete se suele poner lo mismo que el *groupId*. Eclipse suma el *groupId* y el *artifactId* y lo asigna automáticamente como *package name*. Puede que *groupId* sea más específico que el *package name*.

A continuación pulsamos el botón **Finish**.

El proyecto se crea con la misma estructura que lo hizo cuando lo creamos desde la consola.

Ahora podemos lanzar todas las tareas de Maven que antes debíamos hacer desde consola mediante la interfaz de Eclipse. Para ello basta con hacer clic con el botón derecho del ratón sobre el proyecto, e ir a la opción **Run As**.

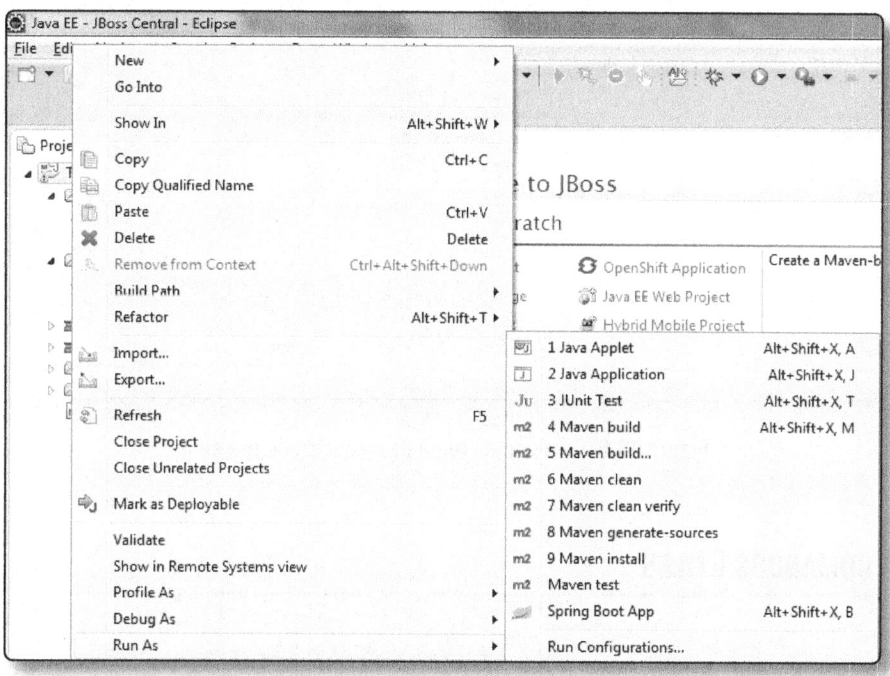

Figura 14.5. Listado de comandos Maven disponibles

Por ejemplo, prueba a hacer un *Maven install*, y comprueba que funciona correctamente, igual que lo hacía desde consola.

Para ejecutar el programa usando Maven debemos crear un *Build*. En él indicamos a Maven que queremos ejecutar determinado fichero. Se debe poner algo así en el campo *Goals*. Es una tarea que indica que se quiere ejecutar un código Java y que ese código está en la clase *org.sistema.test.Test.App*:

```
exec:java -Dexec.mainClass="org.sistema.test.Test.App"
```

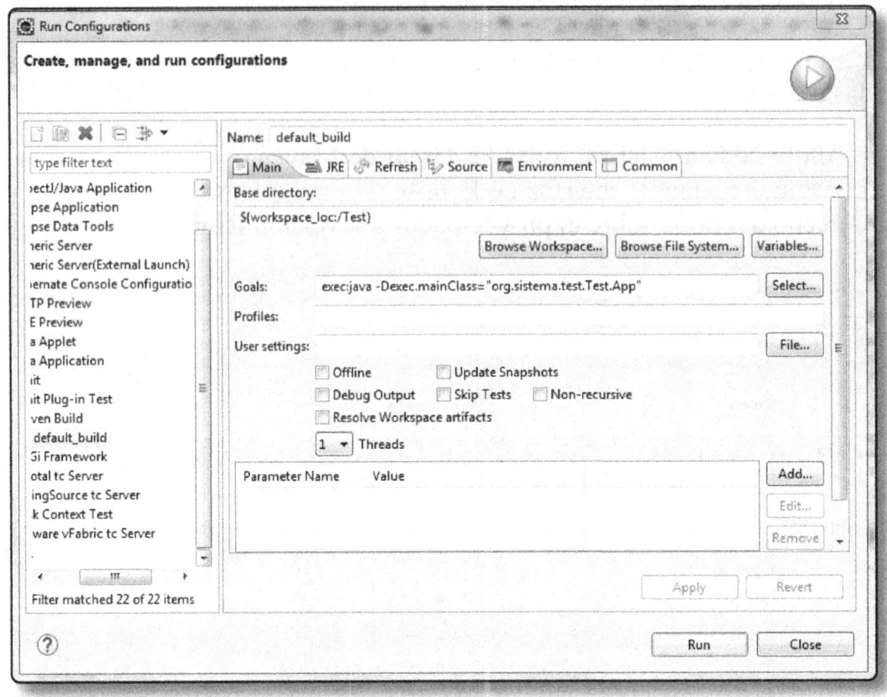

Figura 14.6. Creación de tarea de ejecución de proyecto

13.4 COMANDOS ÚTILES

13.4.1 Ayuda

Podemos acceder a la ayuda de Maven mediante el comando:

```
mvn help:help
```

Si ejecutamos eso el *plugin* de *help* nos presenta los 9 *goals* de los que disponemos. El más interesante es *help:describe*. Ejemplos:

- *mvn help:describe -Dcmd=install*: ayuda sobre un *lifecycle*.
- *mvn help:describe -Dcmd=exec:java*: ayuda sobre un *goal* de *exec*.
- *mvn help:describe -Dplugin=org.apache.maven.plugins:maven-help-plugin*: ayuda sobre un *plugin*.

Si le metemos el parámetro *-Ddetail=true* la ayuda es mucho más descriptiva.

13.4.2 Install

Si ejecutamos:

```
mvn install
```

Pondremos en marcha un *lifecycle* o ciclo de vida, que en realidad se compone de varios *goals* de Maven. Este en concreto lleva a cabo entre otros:

- *resources:resource*: copia los recursos desde el *src* al *target*.
- *compiler:compile*: compila el código.
- *resources:testResources*: copia los recursos utilizados en los *test* al *target*.
- *compiler:testCompile*: compila los *test* unitarios.
- *surefire:test*: ejecuta los *test* unitarios.
- *jar:jar*: genera el *jar*.

Hay más fases que esas, por ejemplo la última es *install:install* y esta es importante ya que toma el fichero *jar* generado y lo guarda en nuestro repositorio Maven. De esa forma podremos hacer uso de ese *jar* desde otros proyectos Maven.

13.4.2.1 CICLOS PARCIALES

Si no queremos hacer todo el *install* pero sí parte de él, en lugar de invocar los *goals* por separado tenemos ciclos reducidos. También hay ciclos que hacen otras cosas:

- *site*: genera los *docs*.
- *test*: pasa los *test* y genera informes de los *testeos*.
- *package*: empaqueta el programa (*jar*).

13.4.3 Perfiles de desarrollo y producción

Algo muy común y recomendable en cualquier proyecto medianamente serio es contar con un servidor de desarrollo y otro de producción, además del propio equipo del programador donde se hacen las primeras pruebas. Los programas se prueban en local, se prueban en desarrollo y finalmente, cuando se ha verificado que todo está correcto, se puede pasar a producción donde se explotará una base de datos con datos reales y habrá usuarios reales. También a menudo existen entornos intermedios de preproducción.

La configuración del programa por tanto es distinta en desarrollo y en producción. Lo ideal es que la configuración del acceso a la base de datos (*driver*, *url*, nombre, *password*) más otras configuraciones estén aisladas en un único fichero de propiedades. De esta forma, cuando pasamos el proyecto de desarrollo a producción lo único que debe variar es el fichero de configuración.

Esta situación tan típica está prevista en Maven. En Maven podemos definir los *profiles* o perfiles que nos permiten aplicar distintas propiedades (BD, usuario, *password*) al proyecto, y lo que es más interesante, automáticamente puede propagar esas propiedades a ficheros *properties*, a ficheros de contexto Spring, o a cualquier fichero que metamos dentro de la carpeta *resources*.

13.4.3.1 SETTINGS.XML

Para poder definir los tipos de entorno o perfil en los que trabajamos (desarrollo, producción) y para poder decirle a Maven cuál de ellos se debe aplicar por defecto, dentro de nuestra carpeta Maven (*$HOME/.m2*) debemos incluir un fichero XML llamado *settings.xml* cuyo contenido es:

```
<!-- $HOME/.m2/settings.xml We set 3 profiles: dev,
preproduction and production
  To check active profiles, in a project folder we run
mvn help:active-profiles
  Now in our pom.xml we can add profiles with their own
properties like database
  settings -->
<settings>
  <profiles>
    <profile>
      <id>dev</id>
      <activation>
    <!-- dev is active by default, so doing 'mvn
install' will apply this -->
        <activeByDefault>true</activeByDefault>
      </activation>
      <properties>
        <environment.type>dev</environment.type>
      </properties>
    </profile>
    <profile>
      <id>preproduction</id>
      <activation>
        <activeByDefault>false</activeByDefault>
      </activation>
```

```
            <properties>
               <environment.type>preproduction</environment.
type>
            </properties>
         </profile>
         <profile>
            <id>production</id>
            <activation>
               <activeByDefault>false</activeByDefault>
            </activation>
            <properties>
               <environment.type>production</environment.
type>
            </properties>
         </profile>
      </profiles>
</settings>
```

13.4.3.2 FICHEROS PROPERTIES

Vamos a ver qué aspecto tienen dos ficheros cuyos valores queremos que cambien según el perfil que queramos aplicar. Como veremos, en lugar de poner valores se ponen variables. Los dos se encuentran en la carpeta *resources* del proyecto Maven (*src/main/resources*). Por un lado un fichero *properties* convencional:

```
database.driverClassName=${database.driverClassName}
database.url=${database.url}
database.user=${database.user}
database.password=${database.password}
anyvalue=${anyvalue.name}
othervalue=This is just a test
```

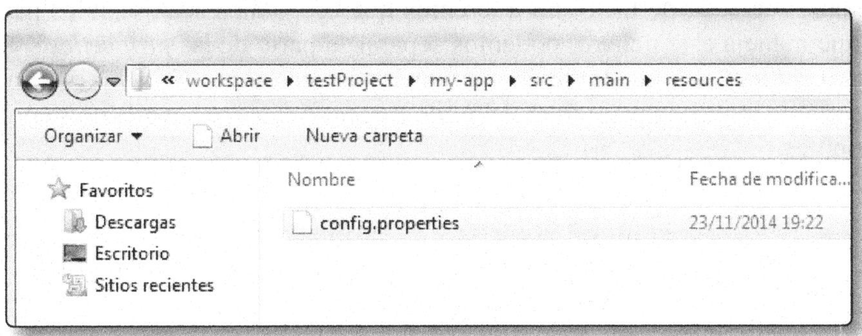

Figura 14.7. Fichero de configuración de parámetros en Java

Y por otro un fichero XML de contexto de Spring:

```
...
<!-- We define a Bean for datasource -->
<bean id="dataSource"
  class="org.springframework.jdbc.datasource.
DriverManagerDataSource">
  <property name="driverClassName" value="${database.
driverClassName}">
    <property name="url" value="${database.url}">
      <property name="username" value="${database.
user}">
        <property name="password" value="${database.
password}">
        </property>
      </property>
    </property>
  </property>
</bean>
<!-- We use a JdbcTemplates to avoid JDBC boilerplate
code warning:
SimpleJdbcTempalte is deprecated -->
<bean id="jdbcTemplate" class="org.springframework.
jdbc.core.JdbcTemplate">
  <constructor-arg ref="dataSource">
  </constructor-arg>
</bean>
...
```

13.4.3.3 FICHERO POM

Dentro del fichero de proyecto Maven es donde vamos a definir las propiedades de cada perfil. Si no queremos que esos datos sean visibles para todo aquel que maneja este fichero, podemos separar la parte de las *properties* y llevarla al fichero *settings.xml* que también contiene una sección *properties* por cada perfil. Es importante incluir la parte final del *build resources* ya que sin ella no se propagan las variables.

```
<project xmlns="http://maven.apache.org/POM/4.0.0"
xmlns:xsi="http://www.w3.org/2001/XMLSchema-instance"
 xsi:schemaLocation="http://maven.apache.org/POM/4.0.0
http://maven.apache.org/maven-v4_0_0.xsd">
 <modelVersion>4.0.0</modelVersion>
 <groupId>com.mycompany.app</groupId>
```

```
 <artifactId>my-app</artifactId>
 <packaging>jar</packaging>
 <version>1.0-SNAPSHOT</version>
 <name>my-app</name>
 <url>http://maven.apache.org</url>
 <properties>
  <!-- Generic properties -->
  <java.version>1.6</java.version>
  <project.build.sourceencoding>UTF-8</project.build.
sourceencoding>
  <project.reporting.outputencoding>UTF-8</project.
reporting.outputencoding>
 </properties>
 <profiles>
<!-- Maven will apply this by default as we set in
$HOME/.m2/settings.xml -->
<!-- mvn install -Denvironment.type=dev -->
  <profile>
    <id>development</id>
    <activation>
    <property>
    <name>environment.type</name>
    <value>dev</value>
    </property>
    </activation>
    <properties>
      <database.driverclassname>com.mysql.jdbc.
Driver</database.driverclassname>
      <database.url>jdbc:mysql://localhost:3306/
erpdev</database.url>
      <database.user>dev-user</database.user>
      <database.password>dev-user</database.password>
      <anyvalue.name>God</anyvalue.name>
    </properties>
  </profile>
  <!-- mvn install -Denvironment.type=production -->
  <profile>
    <id>production</id>
    <activation>
    <property>
    <name>environment.type</name>
    <value>production</value>
    </property>
    </activation>
    <properties>
```

```
        <database.driverclassname>com.mysql.jdbc.
Driver</database.driverclassname>
        <database.url>jdbc:mysql://localhost:3306/
erpprod</database.url>
        <database.user>prod-user</database.user>
        <database.password>prod-password</database.
password>
        <anyvalue.name>Satan</anyvalue.name>
      </properties>
    </profile>
  </profiles>
    <dependencies>
      <dependency>
       <groupId>junit</groupId>
       <artifactId>junit</artifactId>
       <version>3.8.1</version>
       <scope>test</scope>
      </dependency>
    </dependencies>
  <!-- We need this if we want the props to be populated
on resource files -->
    <build>
      <resources>
        <resource>
        <directory>src/main/resources</directory>
        <filtering>true</filtering>
        </resource>
      </resources>
    </build>
</project>
```

Por defecto se aplicará el perfil *dev*. Podemos verificar qué perfiles tenemos activados con el siguiente comando:

```
D:\workspace\testProject\my-app>mvn help:active-profiles
[INFO] Scanning for projects...
[INFO]
[INFO] -------------------------------------------------
----------------------
[INFO] Building my-app 1.0-SNAPSHOT
[INFO] -------------------------------------------------
----------------------
[INFO]
[INFO] --- maven-help-plugin:2.2:active-profiles
(default-cli) @ my-app ---
```

```
[INFO]
Active Profiles for Project 'com.mycompany.app:my-
app:jar:1.0-SNAPSHOT':

The following profiles are active:

 - dev (source: external)
 - development (source: com.mycompany.app:my-app:1.0-
SNAPSHOT)

[INFO] ------------------------------------------------
----------------------
[INFO] BUILD SUCCESS
[INFO] ------------------------------------------------
----------------------
[INFO] Total time: 1.518 s
[INFO] Finished at: 2014-11-23T19:35:59+01:00
[INFO] Final Memory: 9M/152M
[INFO] ------------------------------------------------
----------------------
```

Para comprobar que realmente todo lo que hemos hecho funciona correctamente, pensemos por un momento qué es lo que esperamos que ocurra cuando generemos de nuevo el proyecto. Dado que tenemos activo el perfil de *development*, y en él hemos definido el valor de una serie de variables que a su vez hemos incluido en el fichero *config.properties* de la carpeta *resources*, lo suyo es que ahora este fichero *config.properties* se genere en la solución final con el valor de las variables definidas bajo el perfil *development* del fichero *pom.xml*. Para comprobarlo, ejecuta *mvn install*. Ahora navega hasta el directorio:

D:\workspace\testProject\my-app\target\classes

Ahí deberá aparecer un fichero de *properties* con el mismo nombre que el creado anteriormente. Ábrelo. Debes ver que el valor de las variables ha sido sustituido por el correcto. En este caso:

```
database.driverClassName=${database.driverClassName}
database.url=jdbc:mysql://localhost:3306/erpdev
database.user=dev-user
database.password=dev-user
anyvalue=God
othervalue=This is just a test
```

Por último, prueba a activar el perfil de *production* en el *pom.xml* y volver a ejecutar *mvn install*. ¿Ha cambiado el valor de las variables del fichero *config.properties*?

14

SISTEMAS DE CONTROL DE VERSIONES

14.1 INTRODUCCIÓN

Un sistema de control de versiones (en adelante SCV) es un software encargado de organizar y de llevar un control sobre cada una de las revisiones efectuadas sobre uno o bien varios documentos.

Pero, ¿qué es una revisión? Se podría decir que una revisión es un cambio realizado sobre un documento, por ejemplo añadir un párrafo, borrar un fragmento o algo similar.

Supongamos que se carga en un SCV un código fuente que es añadido como la revisión 1 del fichero. Una vez añadido nos damos cuenta de que no compila, ya que nos falta incluir el uso del espacio de nombres, por lo que se modifica y se vuelve a añadir al SCV, ahora como la revisión número 2. De esta forma, se guarda el historial de las distintas modificaciones sobre un fichero, por lo que en cualquier momento podemos restaurar la revisión que queramos de dicho fichero.

Esto presenta varias ventajas, aunque la principal y la más llamativa es que nos permite mantener una copia de seguridad de todas las modificaciones realizadas sobre un fichero, lo cual nos facilita la tarea de deshacer algo que esté mal. Supongamos por ejemplo que modificamos un proyecto software, y modificamos un módulo para arreglar un *bug*. Ahora funciona para ese *bug*, pero hemos introducido un nuevo bug que afecta a otra funcionalidad diferente. Simplemente volvemos a una revisión anterior, y no hay problemas.

Supongamos ahora un grupo de 5 desarrolladores que están realizando un proyecto. Puede ser que estén muy claras las partes del proyecto que debe abordar cada uno, no obstante esto no suele ser así. Estos desarrolladores van subiendo a un servidor tipo FTP las distintas modificaciones que realizan sobre el código. Uno sube un fichero fuente *Product.java*, otro *index.jsp*, etc. Sin embargo, llegará un momento en el que dos desarrolladores modifiquen el mismo fichero. Por lo que aquí entran en juego los sistemas de control de versiones. Es imprescindible utilizar un SCV para vigilar las líneas sobre las que se han hecho modificaciones, de forma que se observe que los cambios realizados no son incompatibles, y la nueva versión *mergerá* (del inglés *merging*) las posibles modificaciones.

Incluso sin esta función, el problema de conflicto sería más fácilmente resoluble, ya que al mantener versiones anteriores se pueden rescatar, para ver qué cambios se han hecho y realizar esa unión de forma manual; aunque si es automatizable, mejor.

Extrapolemos esto a cualquier desarrollo de software con un grupo relativamente numeroso, como por ejemplo los desarrolladores de cualquier proyecto de software libre medianamente grande, en el cual puede haber decenas de personas distintas implicadas en el desarrollo. Si fuera un grupo como el descrito arriba, el desarrollo puede llegar a ser un auténtico caos. Por este motivo se hace indispensable el uso de algunas herramientas de SCV en desarrollos de software mayores que los unipersonales.

Aunque no está restringido solo al software, ya que trabaja con cualquier tipo de ficheros de texto plano, por lo que también se puede usar para generar documentación de forma colaborativa usando *LATEX* por ejemplo.

14.2 TIPOS DE CONTROL DE VERSIONES

14.2.1 Centralizados

En un sistema de control de versiones centralizado todos los ficheros y sus versiones están almacenados en un único directorio de un servidor.

Todos los desarrolladores que quieran trabajar con esos códigos fuente deben pedirle al sistema de control de versiones una copia local para poder añadir o modificar ficheros. En ella realizan todos sus cambios y una vez hechos, se informa al sistema de control de versiones para que guarde las fuentes modificadas como una nueva versión.

Es decir, un sistema de control de versiones centralizado funciona según el paradigma clásico cliente-servidor.

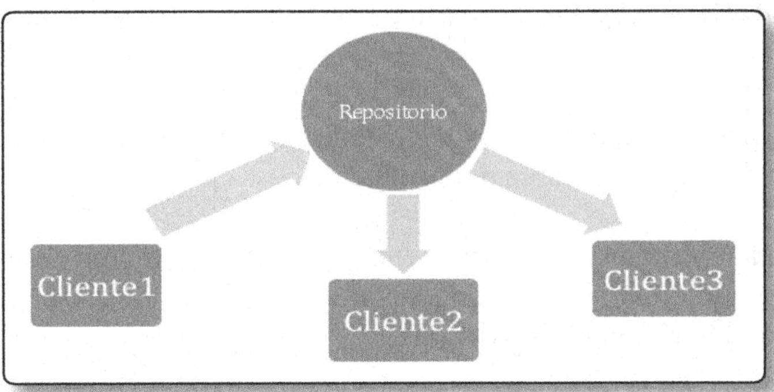

Figura 14.1. Esquema de SCV centralizado

Una vez subido el código, está disponible para otros desarrolladores, que pueden actualizar la información del repositorio y solicitar la nueva versión. Para el intercambio de fuentes entre ellos, es necesario pasar por el repositorio de fuentes del servidor. Por tanto, en el servidor están guardadas todas las versiones y los desarrolladores solo tienen en su copia local aquellos ficheros que han solicitado del servidor.

Los sistemas de control de versiones centralizados libres más conocidos son CVS y Subversion, de los que hablaremos a continuación, aunque nos centraremos más en este último puesto que es el más actual de los dos.

14.2.2 Distribuidos

Las principales diferencias entre un sistema centralizado y uno distribuido son las siguientes, algunas ya señaladas en la introducción:

- No existe una copia de referencia del código, solo copias de trabajo.
- Las operaciones suelen ser más rápidas al no tener que comunicarse con un servidor central.
- Cada copia de trabajo es un tipo de respaldo del código base.
- No hay que hacer *update* antes del *commit*, puesto que se trabaja sobre una copia local.
- Se eliminan los problemas de latencia de la red.
- La creación y fusión de ramas es más fácil, porque cada desarrollador tiene su propia rama.

Las principales desventajas que encontramos son las siguientes:

- Todavía se requiere un servidor central desde donde tener un sistema de *backup*.
- Disponiendo de un repositorio central, no hay manera de saber cuál es la última versión estable del producto.
- Dado que cada repositorio tiene sus propios números de revisión, no hay realmente una última versión. Se suele pedir la última versión del *guid* concreto (número de versión).

Encontramos dos nuevos comandos principales que no trabajan localmente:

- *push*: envía cambios a otro repositorio (por supuesto, requiere permisos).
- *pull*: obtiene los cambios de otros repositorios.

Como se ha dicho cada desarrollador tiene su repositorio local: si un usuario A realiza un cambio, lo hace localmente y cuando crea oportuno puede compartirlo con el resto de usuarios.

Pero existe una duda, ¿cuál es la versión principal? La respuesta es sencilla: existe una rama principal en la cual todos los usuarios registran los cambios realizados obteniendo de esta forma la versión final.

14.3 HERRAMIENTAS DE CONTROL DE VERSIONES DE USO COMÚN

14.3.1 CVS

CVS (*Concurrent Versions System* o *Concurrent Versioning System*) es una herramienta de sistema de control de versiones que permite registrar los cambios en los archivos que componen el proyecto y posibilita la colaboración entre varios desarrolladores. Dispone de un repositorio centralizado, en el cual un usuario es responsable de la administración del mismo. Los desarrolladores deben pedir una copia local para añadir o modificar ficheros. En esta copia local realizan sus modificaciones y una vez realizadas se suben al repositorio, por lo que se puede decir que sigue el paradigma cliente-servidor.

CVS puede mantener distintas ramas de un proyecto. Se podría formar una rama para corregir defectos de una versión de un proyecto ya distribuida al cliente mientras la siguiente versión sigue en desarrollo.

Como principales limitaciones podría destacarse que los archivos del repositorio no pueden ser renombrados. Para ello deberían ser añadidos con otro nombre y luego borrar los originales. Además, tiene un soporte limitado de Unicode.

Consta de:

- Un servidor que almacena el repositorio centralizado.
- Un cliente instalado en cada equipo que desea trabajar con el sistema.

En la actualidad existen versiones de CVS para los sistemas operativos más difundidos, aunque como data de 1990, hoy en día se encuentra casi en desuso y es superado por otras herramientas existentes en el mercado. Se distribuye bajo licencia GPL.

14.3.2 Subversion

Al igual que CVS dispone de un repositorio centralizado. Nació con la idea de mejorar CVS y fue ampliamente aceptado por la comunidad, siendo hoy en día todavía muy utilizado, aunque esté perdiendo auge con respecto a Git en los últimos tiempos, sobre todo entre los proyectos *open source* importantes.

Entre sus principales características podemos encontrar:

- Se realiza un historial de archivos y directorios.
- La creación de ramas y etiquetas es mucho más eficiente que en CVS.
- Mientras que en CVS se enviaban los archivos completos al repositorio, en SVN solo se envían las modificaciones.
- Puede servirse a través de Apache. En ese caso pueden utilizarse opciones de autenticado como SQL, LDAP, etc.
- Las modificaciones son atómicas.
- Consume pocos recursos.

En cuanto a sus puntos débiles, podríamos señalar que:

- La operación de renombrado es una concatenación de copia y borrado, por lo que es simulada.
- Es más lento que CVS y las verificaciones locales requieren más espacio en disco.

Se distribuye bajo la licencia de software libre creada por Apache.

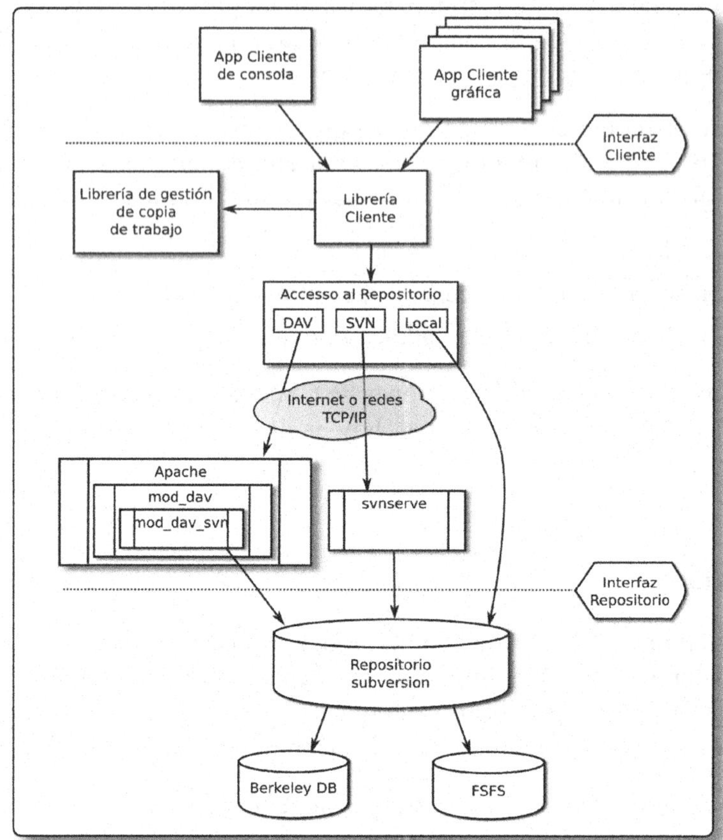

Figura 14.2. Estructura y gestión de ficheros de Apache Subversion

14.3.3 Git

Es un software de control de versiones creado por Linus Torvalds. Una de sus características principales es la eficiencia. Aunque en un principio fue creado como motor para el cual se pudieran desarrollar interfaces de usuario, terminó convirtiéndose en un sistema de control de versiones completo. Su filosofía puede ser resumida en estos cuatro requisitos básicos:

- No es parecido a CVS.
- Distribuido: su repositorio es distribuido, dado que cada usuario tiene uno, pudiendo hacer *merges* de distintas versiones entre ellos.
- Seguridad frente a corrupción, accidental o intencionada.
- Gran rendimiento en las operaciones.

Uno de los principales puntos fuertes de Git es su modelo de ramas. Permite tener múltiples ramas locales independientes entre sí y se tarda muy poco (del orden de segundos) en crear, fusionar o borrar estas líneas de desarrollo.

Al ser local, permite también trabajar sin conexión. Los repositorios ocupan muy poco espacio.

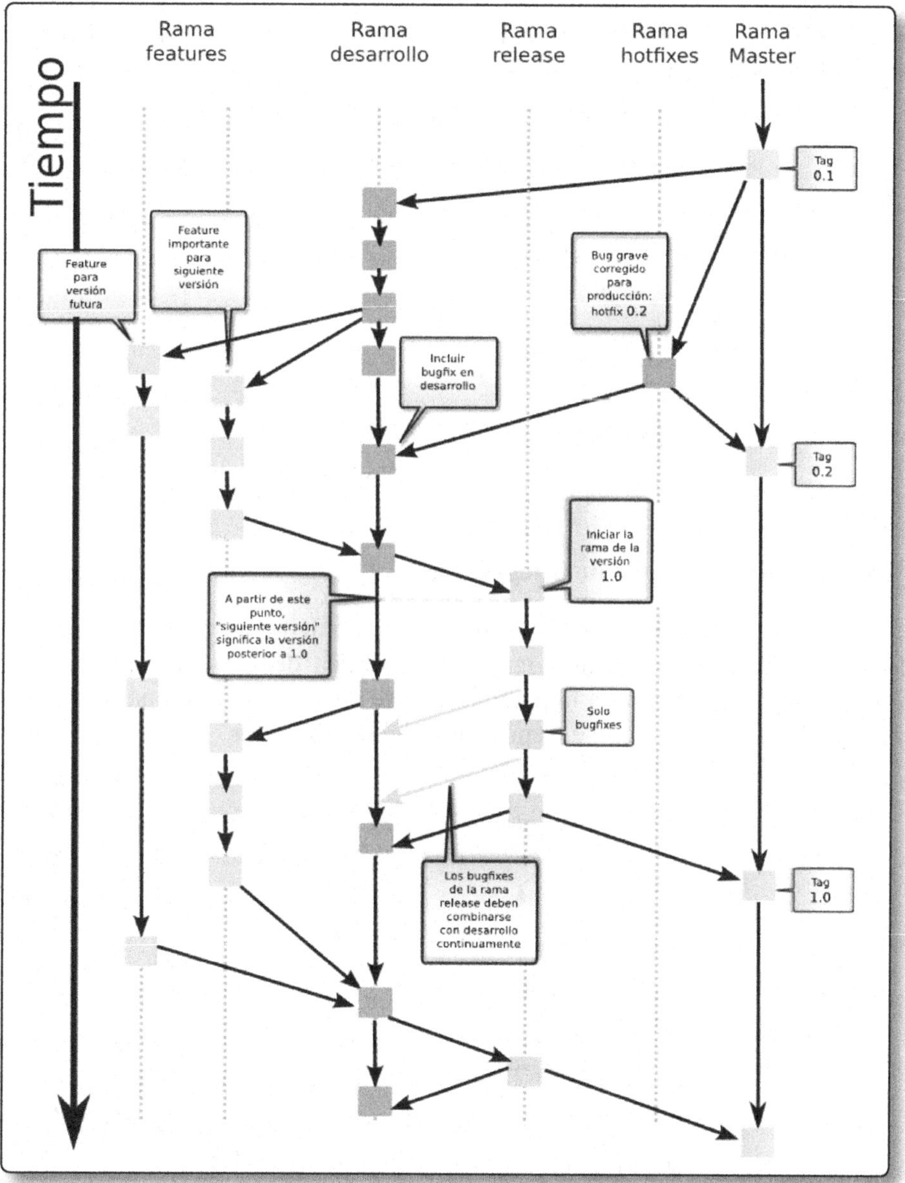

Figura 14.3. Política de ramas en Git

Dado que en Git cada desarrollador es tanto un nodo como un repositorio, se pueden implementar distintos flujos de trabajo. Estos son:

Flujo de trabajo centralizado

Es bastante similar al modo de funcionamiento de los sistemas centralizados como CVS o Subversion. El repositorio central guarda el código fuente y los desarrolladores sincronizan su trabajo.

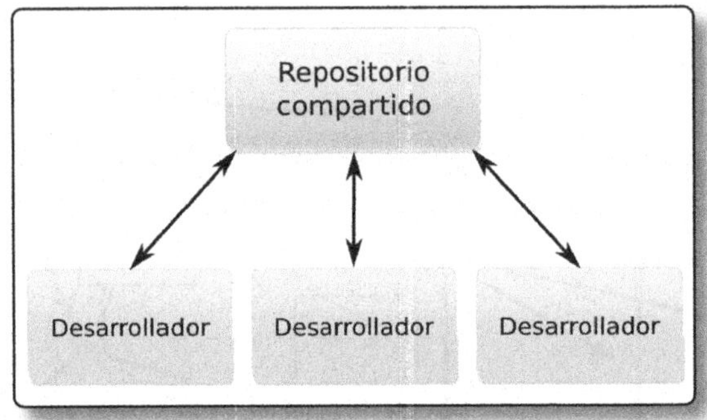

Figura 14.4. Estructura de un repositorio centralizado

Flujo de trabajo del gestor de integraciones

En este esquema existe un repositorio canónico que representa al proyecto. Cada desarrollador tiene además una copia pública de su repositorio, en la cual subirá sus cambios, y pedirá a la persona que se encarga de gestionar el repositorio oficial que haga un *merge* con el repositorio del colaborador.

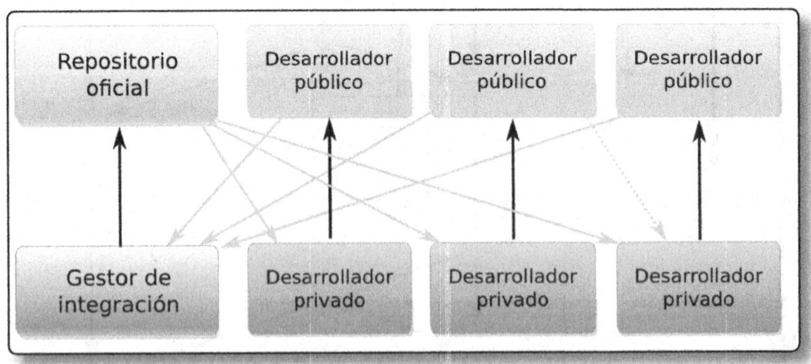

Figura 14.5. Estructura de un repositorio distribuido

Así es como se trabaja en sitios como *GitHub*.

Flujo de trabajo con dictador y tenientes

Es una variante del anterior para proyectos de una dimensión elevada y muchos desarrolladores. Existen por tanto, personas encargadas de integrar partes concretas del repositorio y se denominan tenientes. Todos ellos dependen directamente del máximo responsable del repositorio, el dictador.

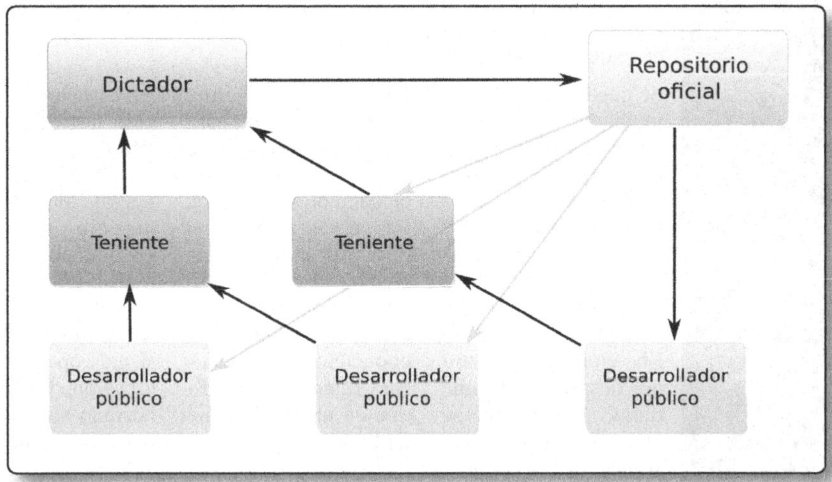

Figura 14.6. Estructura de un repositorio distribuido con un supervisor

Se distribuye bajo licencia GPL.

Comparativa

	CVS	SVN	Git
Repositorio	Centralizado (sistema de ficheros).	Centralizado (base de datos).	Distribuido.
Funcionamiento	Tiene un funcionamiento más lento que los otros dos.	Trabaja más rápido que CVS, ya que transmite menos información a través de la red.	Es el más rápido ya que casi todas las operaciones se realizan en local. Además sus archivos ocupan mucho menos espacio en memoria por su gran capacidad de compresión.

Control de acceso	Los usuarios deben tener permiso de escritura para poder subir sus cambios. Por defecto, existe un grupo *src* con este permiso, por lo que se puede añadir al usuario a este grupo para que goce de permisos.	Se necesita dar permisos a los usuarios para que puedan realizar las operaciones de *commit* y puedan así subir sus cambios al repositorio.	Debido a su naturaleza distribuida no es necesario realizar un control de accesos, al no existir un repositorio principal. Cada usuario decide qué y con quién realizar los *merges*.
Ramas	Se pueden crear ramas mediante el comando *cvs tag –b nombre_rama*. También existen comandos similares para hacer *commit* y *update*. Crear ramas y etiquetas tiene una complejidad lineal O(n). En cualquier punto del desarrollo de una rama, puede hacerse un *merge* con el tronco si fuera necesario.	Una rama es una copia, por tanto para crear una rama se debe hacer una copia con el comando *svn copy*. Esto no hace una copia real, se enlazan los ficheros pareciendo que hay dos pero realmente solo hay uno. La copia real solo se realizará cuando se modifique en una rama y no en la otra. La complejidad de crear ramas es constante O(1).	El directorio de trabajo de cada desarrollador es una rama en sí misma. La mayor ventaja de Git es su modelo de ramas, ya que permite tener múltiples ramas locales que pueden ser independientes entre sí. Las operaciones de creación, fusionado o borrado son muy ágiles. No es necesario subir todas tus ramas cuando actualizas los cambios a un repositorio remoto.
Merging	Primero se actualiza la copia local del repositorio con *update*, y luego se hace un *commit* con la opción *–m*. Cuando dos desarrolladores están trabajando sobre el mismo archivo es posible que en algún momento las modificaciones que realiza cada uno de ellos coincidan, por lo que cuando el segundo actualice el archivo CVS le devuelva un error mostrando lo que tiene la versión local y lo que tiene la versión del CVS.	Para hacer un *merging* se debe recordar la revisión a partir de la cual se hizo el último para generar el comando apropiado.	Git recuerda automáticamente la última revisión haciendo mucho más simple esta operación, y menos susceptible de fallar.

Herramientas disponibles	Clientes gráficos: • Cervisia • gCVS, MacCVS y WinCVS • jCVS • LinCVS • SmartCVS • tkCVS • TortoiseCVS Herramientas de coordinación: • CvsIn • cwCVS • Jalindi Igloo • Netbeans • VC Herramientas web y FTP: • CVSviaFTP • CVS Web Client • Misc • CVSup • Cvsplot • CVSSearch	Clientes gráficos: • TortoiseSVN • Subclipse • Subversive • ViewVC • RapidSVN • RabbitVCS • KDESvn • Easyeclipse • Versions • VisualSVN • iVersion Herramientas de coordinación: • SVN Notifier • Commit Monitor • Captain Hook • SVNMonitor	*Plugins* para IDE: • EGit (Eclipse) • RubyMine • PHPStorm • WebStorm • IntelliJ IDEA • Nbgit (Netbeans) • Git-tmBundle (TextMate) • VCS Command Plugin (Vim) • Git Extensions (Visual Studio) *Merge tools*: • Diffuse • Dirdiff • Meld • Get-merge-changelog Interacción con otros SCV: • Git-cvsexportcommit • Parsecvs • Cvs2git • Git-svn • Git2svn • Svn2git
Seguimiento de cambios	CVS mantiene un registro de los cambios de cada fichero, permitiendo al usuario deshacer los cambios hasta una versión previa, mezclar versiones y seguir los cambios. Cada vez que se modifica un fichero, se guarda la fecha, la descripción y el nombre del usuario que realizó el cambio. Cuando se crea una rama, CVS realiza una copia de cada fichero y permite modificar ambas. CVS registra qué cambios fueron realizados a qué versión.	Para revisar los cambios que el desarrollador ha hecho en su copia local antes de enviarlos al repositorio se puede utilizar los comandos *svn status*, *svn diff* y *svn revert*. Los dos primeros permiten descubrir qué ficheros han cambiado y el tercero permite invertirlos. El repositorio lleva un historial de cada cambio enviado. Se permite explorarlo para revisar versiones anteriores, directorios y metadatos. Mediante un solo comando se puede descargar el repositorio en cualquier número de revisión o bien por fecha. Los siguientes comandos pueden ser útiles para ello: *svn log*, *svn diff*, *svn cat* y *svn list*.	Se pueden consultar los cambios realizados a través del comando *git log <nombre_fichero>*. El problema es que la ejecución de este comando es un poco lenta, porque Git no tiene un historial para cada fichero, por lo que debe buscar entre todo el historial de *commits* para encontrar los relativos a un determinado archivo. No obstante, se pueden especificar opciones para acelerar la ejecución de este comando, como reducir el ámbito de la búsqueda a una determinada versión, etc. Git solo realiza el seguimiento de los cambios a nivel de fichero, por lo que no es siempre conveniente para el seguimiento de directorios.

Revisiones	Se puede utilizar la opción *–r* de *cvs commit* para establecer que cada fichero está siendo enviado (*commit*) bajo un número de revisión determinada. No obstante, los desarrolladores de CVS recomiendan utilizar etiquetas para el seguimiento de las revisiones. CVS empieza a hacer las numeraciones en el 1.1 y con cada *commit* se incrementa el segundo número (1.2, 1.3, etc.). Si las revisiones son en las ramas se irían añadiendo puntos a la numeración (por ejemplo, 1.2.5.1). Por cada revisión hay una entrada de *log*.	SVN utiliza números desde 1 hasta N para numerar las revisiones. Cada vez que un usuario realiza algún cambio y lo sube al repositorio, se crea una "foto", cada una de las cuales está asociada a un número de revisión. Para consultar las revisiones de un proyecto se puede utilizar la herramienta de *log*. La salida tendría el siguiente formato: *N.º revisión|usuario|fecha|* *líneas modificadas* *Ruta del fichero o ficheros modificados* *Descripción de la modificación.*	Cada *commit* tiene un identificador único consistente en una cadena de 40 caracteres hexadecimales SHA-1. No obstante, para la mayoría de repositorios de un tamaño razonable bastaría con, por ejemplo, los 7 primeros caracteres para la identificación única. Estos identificadores son permanentes y siempre apuntarán al mismo *commit*.
Portabilidad	El servidor normalmente utiliza un sistema operativo similar a Unix, aunque versiones para otros sistemas operativos, incluido Windows, mientras que los clientes pueden funcionar en cualquiera de los sistemas operativos más difundidos.	El servidor puede funcionar en Unix, Windows y Mac OS. Existen también clientes para los sistemas operativos mencionados.	Fue desarrollado principalmente para Linux pero puede ser utilizado en otros sistemas operativos como BSD, Solaris y Darwin, pero también se puede utilizar en Windows (por ejemplo con el proyecto *msysgit*) o en Mac OS. Respecto al cliente, también existen productos para los principales sistemas operativos.

Licencia	GPL	Apache/BSD	GPL
Funcionalidad	Repositorio centralizado, por lo que varios desarrolladores pueden hacer copias locales. Gestión de actualizaciones simultáneas. Gestión automática de versiones tras *commit* exitoso. Seguimiento de cambios. Posibilidad de volver hacia atrás a versiones anteriores. Múltiples líneas de desarrollo en el mismo repositorio. Acceso concurrente a múltiples usuarios. Agrupamiento de código en módulos. Etiquetado de código. Posibilidad de listar las diferencias entre versiones. *Logging* configurable. Disparadores de eventos del repositorio.	Versionado de directorios, en contra de lo que hacía CVS, que solo controlaba las versiones de los ficheros. Verdadero historial de versiones. Envíos atómicos. Versionado de metadatos. Elección de las capas de red (posibilidad de configuración con Apache). Manipulación consistente de datos. Ramificación y etiquetado eficientes. *Hackability*, fácil de mantener y reutilizar.	Soporte al desarrollo no lineal, a través de su sistema de *merging* y ramificaciones. Desarrollo distribuido. Gestión eficiente de proyectos de gran envergadura gracias a su escalabilidad. Disponibilidad de herramientas para aumentar su funcionalidad. Gestión implícita de renombrado de ficheros. Gran velocidad de funcionamiento. Requiere poco espacio de almacenamiento (los ficheros se comprimen mucho). Conversión del carácter de final de línea (CRLF/LF). *Merging* más simple y automático. Creación simple de repositorios (*mkdir foo*; *cd foo*; *git init*).

14.4 INTEGRACIÓN DEL CONTROL DE VERSIONES EN HERRAMIENTAS DE USO COMÚN

Aunque los sistemas de control de versiones pueden manejarse mediante interfaces de comandos, esto no suele ser lo más usable. Es por ello que la inmensa mayoría de SCV tienen clientes visuales que facilitan en gran medida su manejo. Muchas veces incluso estos clientes se encuentran integrados en los propios IDEs de desarrollo. Así, IDEs como Eclipse, Netbeans o VisualStudio tienen integración con SCV como Git, Mercurial o Subversion. Estas integraciones hay veces que son nativas (vienen incluidas por defecto en la herramienta) o a través de *plugins*.

A continuación se presenta una serie de clientes para diferentes sistemas de control de versiones:

Subversion

- *TortoiseSVN*. Es la interfaz más popular en este sistema operativo.
- *Subclipse*. *Plugin* que integra Subversion al entorno Eclipse.
- *Subversive*. Complemento alternativo para Eclipse.

Git

- msysgit
- TortoiseGit
- GitExtensions

Mercurial

- SourceTree

14.5 PRINCIPALES OPERACIONES

La administración de sistemas de control de versiones tiene que asegurar que el repositorio se encuentra accesible para todos los usuarios en todo momento. Las principales tareas de un administrador de SCV son:

- Creación de repositorios.
- Creación y administración de usuarios.
- Administración del espacio en disco ocupado en el servidor.
- Manejo de políticas de contraseñas.
- Migraciones y actualizaciones en el software.
- Traslados de repositorios.

14.5.1 Publicación de cambios (check-in o commit)

Un *commit* sucede cuando se envía o se integra una copia del trabajo local al repositorio.

14.5.2 Tipos de desprotección, despliegue o check-out

Un *check-out* o despliegue consiste en crear una copia local a partir del repositorio. Por defecto se obtiene la última, aunque sería posible especificar una revisión concreta.

14.5.3 Líneas de base (baseline)

Consiste en la revisión aprobada del fichero fuente.

14.5.4 Actualizaciones

Permite integrar cambios producidos en el repositorio a la copia de trabajo local.

14.5.5 Congelaciones

Suspende cualquier cambio antes de una entrega, una vez hecho *commit* de los últimos cambios a fin de solucionar fallos a resolver en una *release* o entrega, y así obtener una versión consistente. Esto supone una solución frente a efectos colaterales imprevistos, previniendo que un desarrollador comenzase a resolver un fallo cuya resolución no está prevista.

14.6 CREACIÓN DE REPOSITORIOS

14.6.1 Instalación de Subversion

En este apartado se introduce el proceso de instalación de la parte de servidor de Subversion, y la posterior interacción con el mismo mediante un cliente de escritorio.

14.6.1.1 SERVIDOR

Primero de todo, para instalar Subversion puedes descargarlo del siguiente enlace en *SourceForge*: *http://sourceforge.net/projects/win32svn/*.

Una vez descargado, instálalo. A continuación, crea un directorio en el que albergarás los repositorios mediante este comando:

```
svnadmin create c:\repositorios
```

Una vez hemos inicializado el directorio en el que almacenaremos los repositorios, podemos ocuparnos de gestionar los usuarios que tendrán permiso a nuestros repositorios. La gestión de usuarios se encuentra en el siguiente archivo:

C:\repositorios\conf\svnserve.conf

En este archivo podemos realizar los siguientes ajustes:

- Descomentar la siguiente línea para permitir usuarios anónimos solo en modo lectura:

  anon-access = read

- Los usuarios autorizados tendrán permisos de lectura y escritura:

  auth-access = write

- Si quisiésemos que los usuarios anónimos no pudiesen hacer nada, pondríamos:

  anon-access = none

Por último, crea un usuario en el fichero *svnserve.conf*. Por ejemplo:

- eperez = eperez

Finalmente, arrancamos Subversion:

- svnserve -d

14.6.1.2 CLIENTE

Una vez instalado el servidor, ahora vamos a trabajar en el cliente. Existen múltiples clientes para SVN, que podríamos dividir en dos grupos:

- *Standalone* o independiente.
- Integrados en el entorno de desarrollo.

TORTOISE

Descargamos e instalamos *TortoiseSVN*, que es un cliente SVN *standalone*:

http://tortoisesvn.net/downloads.html

Instalamos Tortoise en una máquina (virtual) distinta que tenga conectividad con la máquina en la que hemos instalado SVN. Suponiendo que nos hemos creado un repositorio de nombre "repositorios", lo primero que podemos hacer es un *import* para cargar ficheros en el repositorio. Para ello, abrimos Tortoise sobre una carpeta con un proyecto (puede ser una carpeta con un fichero HTML simple dentro) > botón derecho del ratón > **Import**. En la dirección debemos introducir:

svn://ip_de_la_máquina_con_svn/repositorios

Ahora hacemos un *check-out* sobre una carpeta vacía en otra ubicación para descargarnos el proyecto almacenado en el repositorio.

14.6.2 Instalación de Git

14.6.2.1 CREAR UN REPOSITORIO LOCAL

A veces, cuando estamos creando un proyecto simple de ejemplo que no consta más que de unos pocos ficheros, en lenguajes simples como HTML, JavaScript, etc., y no estamos utilizando ningún IDE, queremos crear nuestros repositorios de una forma simple, sin tener que instalar un IDE con sus correspondientes *plugins*. En Git tenemos la alternativa de hacerlo mediante comandos. Para ello, lo primero que debes hacer es instalar el software de Git: *http://git-scm.com/download/*.

A continuación, ejecuta el fichero descargado e instala Git.

Vamos a suponer que tenemos una carpeta *testSite* con dos ficheros, un HTML y un JS. Lo primero que debemos hacer es crear un repositorio local sobre esa carpeta. Para ello, ve a la ruta donde tengas tu carpeta con el proyecto e introduce el siguiente comando:

```
git init testSite
```

La respuesta que se producirá será:

```
Initialized empty Git repository in /Users/eugenia/
Documents/testSite/.git/
```

Con esto ya tenemos creado el **repositorio local**. Ahora, debemos añadir los ficheros de nuestro proyecto al repositorio, para decirle a Git que son nuevos, y que cuando hagamos un *commit* los queremos incluir. Para ello introduce el comando:

```
cd testSite  //para asegurarnos que estamos en el
```

```
directorio del proyecto
git add -A
```

Para asegurarnos de que han sido añadidos al repositorio, puedes ejecutar el siguiente comando a continuación:

```
MacBook-Air-de-Eugenia:testSite eugenia$ git status
# On branch master
#
# Initial commit
#
# Changes to be committed:
#   (use "git rm --cached <file>..." to unstage)
#
#       new file:   test.html
#       new file:   test.js
#
```

Git nos está diciendo que hay cambios pendientes sobre los que hacer un *commit*. En concreto, nuestros dos ficheros. Si no hubiéramos hecho el comando *add*, no habría nada para hacer *commit*.

Por tanto, ahora ya puedes hacer *commit*.

```
MacBook-Air-de-Eugenia:testSite eugenia$ git commit -m 'Initial commit'
[master (root-commit) 287b621] Initial commit
 Committer: Eugenia <eugenia@MacBook-Air-de-Eugenia.local>
Your name and email address were configured automatically based
on your username and hostname. Please check that they are accurate.
You can suppress this message by setting them explicitly:

    git config --global user.name "Your Name"
    git config --global user.email you@example.com

After doing this, you may fix the identity used for this commit with:

    git commit --amend --reset-author

 2 files changed, 11 insertions(+)
 create mode 100644 test.html
 create mode 100644 test.js
MacBook-Air-de-Eugenia:testSite eugenia$ git status
# On branch master
nothing to commit, working directory clean
```

Se hace el *commit* y se indica en un mensaje que 2 ficheros han sido guardados en el repositorio. Ahora podríamos modificar en el Bloc de notas cualquiera de los dos ficheros de nuestro proyecto (o ambos) y guardarlos. Para actualizarlos habría que repetir los comandos *git add –A*, puesto que añadidos ya están, y *git commit* para guardarlos en el repositorio.

Puedes obtener más recursos en Internet en infinidad de sitios sobre los comandos de Git y cómo utilizarlos. Por ejemplo: *http://gitref.org/basic/*.

14.6.3 Subir repositorio local a Bitbucket con comandos

Para subir nuestro repositorio local a Bitbucket, lo primero que hay que hacer es ir a Bitbucket y crear un repositorio. Este paso es siempre igual.

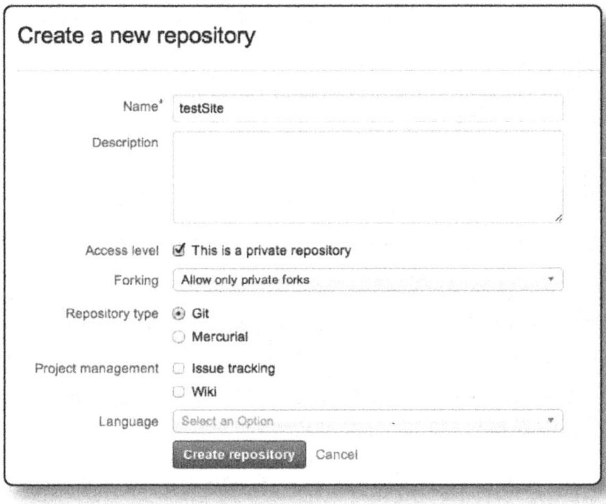

Figura 14.7. Creación de un nuevo repositorio en Bitbucket

En la siguiente pantalla, indica que tienes un repositorio que te gustaría subir (*push up*).

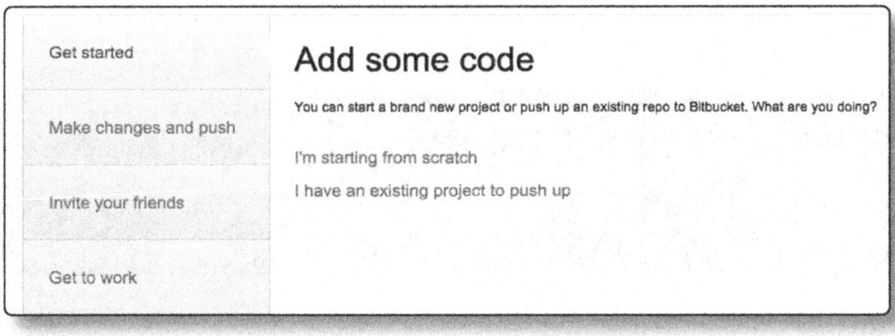

Figura 14.8. Pantalla para la realización de la operación de push up al repositorio

Al hacerlo, el propio Bitbucket te dice qué comandos Git debes utilizar para hacerlo:

```
cd /path/to/my/repo
git remote add origin https://eugeniaperez@bitbucket.
org/eugeniaperez/testsite.git
git push -u origin --all # pushes up the repo and its
refs for the first time
git push -u origin --tags # pushes up any tags
```

Así pues, ejecuta estos comandos en tu terminal uno por uno para subirlo. El último lo puedes omitir, ya que aún no tenemos *tags* o etiquetas creadas.

Si vas ahora a tu repositorio en Bitbucket, podrás ver tus ficheros subidos:

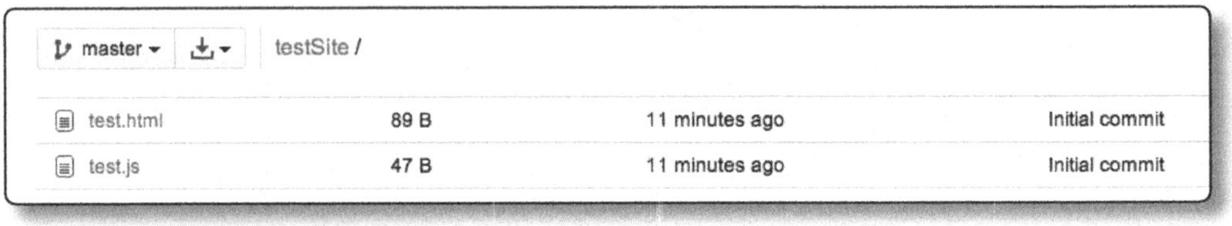

master ▾ | ⤓ ▾ | testSite /

test.html	89 B	11 minutes ago	Initial commit
test.js	47 B	11 minutes ago	Initial commit

Figura 14.9. Ficheros añadidos al repositorio remoto

Ahora, podemos editar y hacer un *commit* sobre uno de estos dos archivos desde la interfaz de Bitbucket. Una vez hecho, el contenido añadido estará en el repositorio remoto, pero no en el local almacenado en nuestro equipo. Para que así sea tenemos dos opciones:

- Realizar un *fetch* seguido de un *merge*.
- Hacer un *pull*.

Según la documentación de Git ambos procedimientos son equivalentes, pero el primero requiere de menos "magia" por parte de Git, con lo que suele dar menos problemas.

Por tanto, hacemos un *git fetch* desde consola:

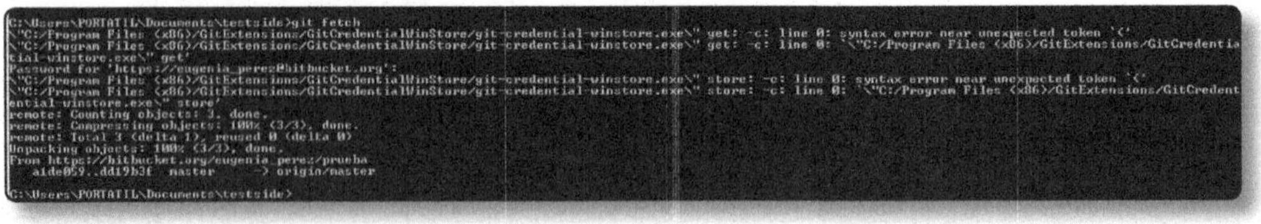

```
C:\Users\PORTATIL\Documents\testside>git fetch
\"C:/Program Files (x86)/GitExtensions/GitCredentialWinStore/git-credential-winstore.exe\" get: -c: line 0: syntax error near unexpected token `('
\"C:/Program Files (x86)/GitExtensions/GitCredentialWinStore/git-credential-winstore.exe\" get: -c: line 0: `\"C:/Program Files (x86)/GitExtensions/GitCredentia
tial-winstore.exe\" get'
Password for 'https://eugenia_perez@bitbucket.org':
\"C:/Program Files (x86)/GitExtensions/GitCredentialWinStore/git-credential-winstore.exe\" store: -c: line 0: syntax error near unexpected token `('
\"C:/Program Files (x86)/GitExtensions/GitCredentialWinStore/git-credential-winstore.exe\" store: -c: line 0: `\"C:/Program Files (x86)/GitExtensions/GitCredent
ential-winstore.exe\" store'
remote: Counting objects: 3, done.
remote: Compressing objects: 100% (3/3), done.
remote: Total 3 (delta 1), reused 0 (delta 0)
Unpacking objects: 100% (3/3), done.
From https://bitbucket.org/eugenia_perez/prueba
   a1de059..dd19b3f  master     -> origin/master

C:\Users\PORTATIL\Documents\testside>
```

Si miramos ahora el archivo que hemos modificado desde Bitbucket, aún no contendrá los cambios introducidos. Para que así sea debemos hacer un *merge*. Al comando *merge* le tenemos que decir de qué rama queremos importar los cambios. La rama del repositorio remoto es *master* (nombre por defecto que Git asigna) y además el repositorio se encuentra en *origin*, que es el nombre que Git le da a los repositorios remotos. Por tanto, ejecutamos:

```
C:\Users\PORTATIL\Documents\testside>git merge origin/master
Updating a1de059..dd19b3f
Fast-forward
 test.html | 2 ++
 1 file changed, 2 insertions(+)

C:\Users\PORTATIL\Documents\testside>
C:\Users\PORTATIL\Documents\testside>
```

Como vemos, se hace el *merge* correctamente. Comprueba que así ha sido abriendo el archivo.

14.6.3.1 COMANDOS DE UTILIDAD

- *git diff*: un comando útil para ver las diferencias entre lo que hay en tu repositorio y los cambios realizados sobre este pero que no han sido trasladados mediante un *commit*.
- *git ls-files*: muestra el contenido del repositorio.
- *git [COMANDO] --help*: abre ayuda sobre dicho comando en una página HTML.
- *git log*: muestra el historial de operaciones realizadas sobre el repositorio.

14.6.4 Entornos gráficos

Si no quieres torturarte con comandos, Git pone a tu disposición interfaces gráficas para hacer esto mismo de una manera mucho más cómoda. Puedes encontrar varias alternativas aquí:

http://git-scm.com/downloads/guis

Encontrarás bastante variedad de entornos para distintos SO y distintas licencias.

14.6.5 Git en Eclipse

Vamos a crear un proyecto en nuestro equipo. Por ejemplo, abre Eclipse, y crea un nuevo proyecto. Una vez lo tengas, ve a la raíz del proyecto y pulsa el botón derecho del ratón > **Team** > **Share project**. A continuación selecciona **Git**.

La siguiente pantalla nos pide que creemos un repositorio o seleccionemos uno existente. Como aún no tenemos, creamos uno nuevo. Pulsa por tanto el botón **Create** e introduce una ruta válida. Por ejemplo:

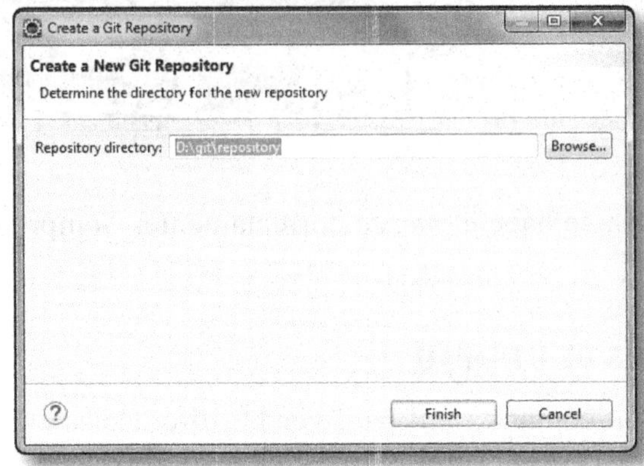

Figura 14.10. Creación de nuevo repositorio Git desde Eclipse

A continuación selecciona el repositorio recién creado en el *checkbox* y pulsa **Finish**.

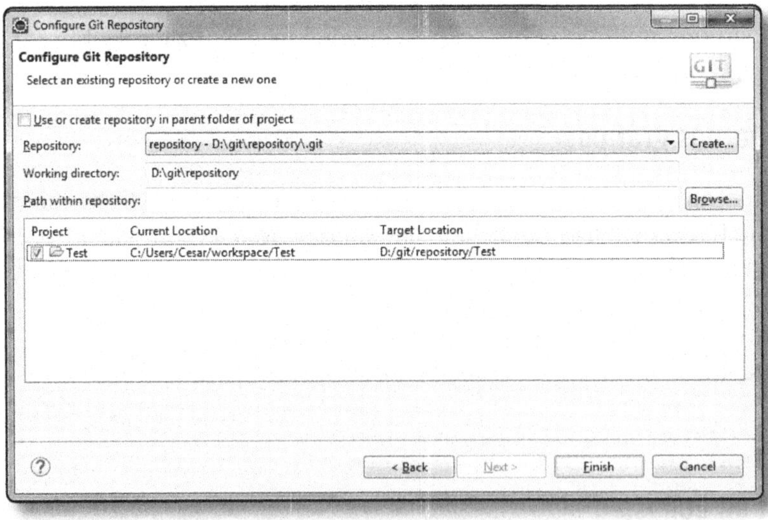

Figura 14.11. Configuración del repositorio Git

Ahora vamos a guardar nuestros cambios en el repositorio. Para ello se utiliza el comando *commit*. Eclipse nos facilita mucho esta tarea a través de su interfaz gráfica, ahorrándonos tener que utilizar la consola.

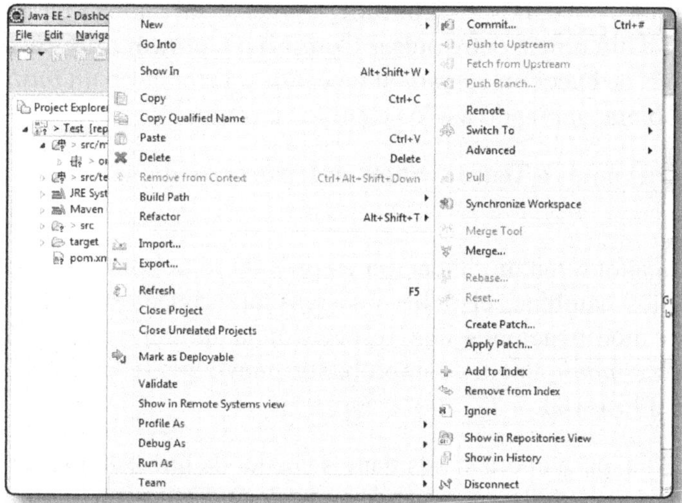

Figura 14.12. Operación de commit al repositorio local

Al hacer *commit*, te aparecerá una ventana como la siguiente, en la que podrás introducir un comentario describiendo los cambios realizados (no es que sea recomendable, es obligatorio) y revisar qué archivos has modificado y van a ser incluidos en el *commit*.

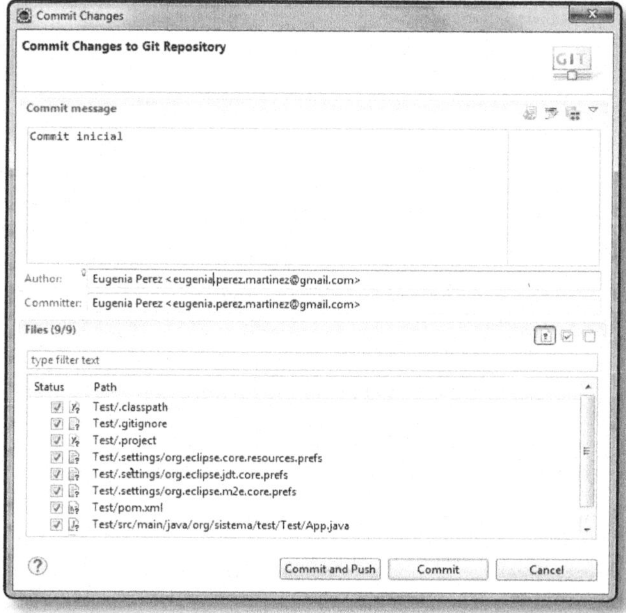

Figura 14.13. Gestión del commit al repositorio

Por último, pulsamos en **Commit**. Con esto salvamos nuestros cambios en el repositorio. La diferencia entre pulsar **Commit** o **Commit and Push** es que con el segundo, además de hacer un *commit* al repositorio local, hace un *push* al repositorio remoto si lo hubiera, subiendo así los cambios introducidos.

Si ahora vamos a **Team** > **Show in History**, podremos ver el *commit* recién realizado.

Realiza ahora una modificación en un fichero del proyecto. En el momento en que salves los cambios, el fichero se resaltará con el símbolo ">" indicando que ha habido modificaciones con respecto a la última versión guardada en el repositorio. Haz *commit*. Puedes comprobar de nuevo que se ha hecho correctamente comprobando el historial.

Pero, ¿qué pasa ahora si nos damos cuenta de que este último cambio no ha sido bueno y queremos volver a la versión anterior? ¿Tengo que modificar mi código para dejarlo como estaba? No. Podemos volver a la versión anterior de una manera muy sencilla.

Ve al historial, pulsa con el botón derecho del ratón sobre el *commit* que quieres cancelar y selecciona la opción **Revert Commit**.

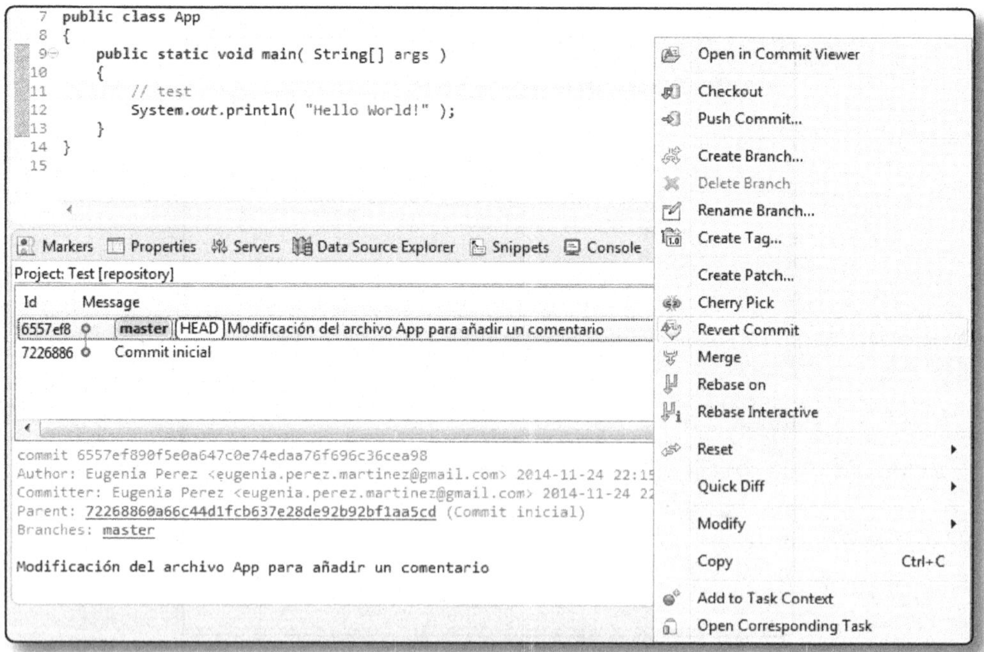

Figura 14.14. Revirtiendo cambios

Por último, vamos a compartir este repositorio también en Bitbucket. Para ello, crea uno nuevo y ve a Eclipse y pulsa la opción **Team** > **Push Branch**.

Configura los parámetros de conexión a tu repositorio según corresponda. En la siguiente imagen tienes un ejemplo:

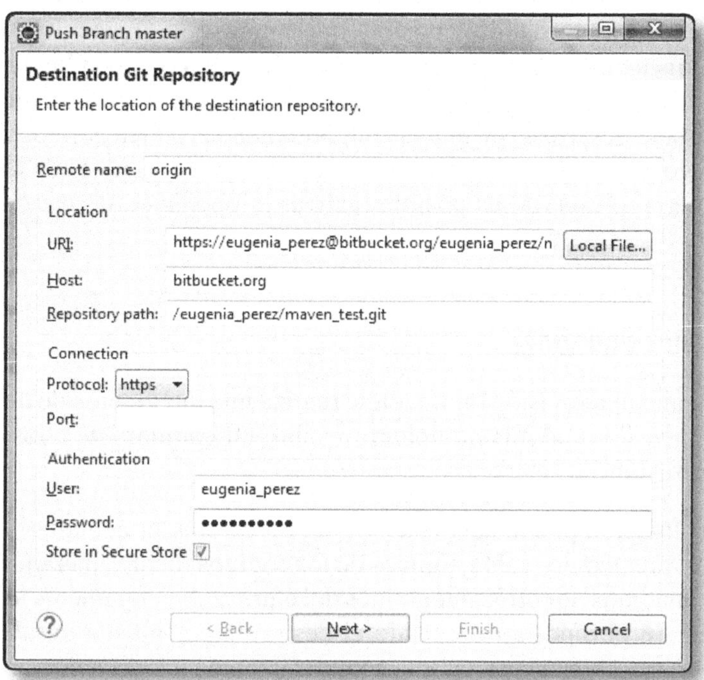

Figura 14.15. Actualizando los cambios del repositorio local al remoto

Pulsa **Next** durante todo el asistente y el *push* se realizará correctamente. Por último, comprueba en Bitbucket que tu repositorio ha recibido correctamente todos los *commits* de tu repositorio local.

Como nota, cabe destacar que se puede configurar la estrategia a seguir cuando se haga *pull* en el futuro. Por defecto, viene marcada la opción de realizar un *merge* entre lo que hay en el repositorio local y el remoto para fusionar los cambios. Alternativamente se ofrece la opción de hacer un *rebase*. Ambas operaciones producen el mismo resultado, si bien se recomienda a usuarios no expertos utilizar *merge*, ya que *rebase* es algo más compleja. De manera general, la principal diferencia es que *merge* genera un *commit* sobre la rama destino con los cambios de la rama origen que la primera no tiene, mientras que *rebase* no genera ese *commit*, haciendo una modificación más compleja del nacimiento de la rama modificada. No obstante, esta particularidad excede ya del ámbito de este apartado.

14.7 CREACIÓN DE RAMAS Y MERGES

14.7.1 Ramificaciones (branching)

En un momento dado es posible que interese la creación de dos copias o ramas de un mismo proyecto, que evolucionen de forma independiente siguiendo su propia línea de desarrollo. Eso supone la creación de determinadas ramas de prueba, normalmente para desarrollo de nuevas funcionalidades o bien corrección de errores, es decir, código para evaluación. Si finalmente las modificaciones de estas ramas de prueba se quieren preservar, es posible realizar la operación de *merge* con la rama principal.

14.7.2 Fusiones (merging)

Mediante una revisión unificada se realiza una integración de dos fragmentos de cambios, bien sobre el mismo fichero o sobre un conjunto de ellos, en lo que se conoce como fusión.

Esta situación puede darse cuando un desarrollador actualiza su copia local con los cambios realizados sobre algunos de los códigos fuente, más aquellos cambios que han sido añadidos por otros integrantes del equipo. Análogamente, esta operación puede suceder en el repositorio cuando el desarrollador intenta un *check-in* de sus cambios. Podría también necesitar una actualización de una solución presentada a un problema en una rama a la otra rama, tras haber realizado una bifurcación de código. Finalmente, también podría darse el caso de que tras haber creado ramas con una línea independiente de desarrollo por algún tiempo, se requiera una fusión de las mismas en un único *trunk* unificado.

Al proceso de fundir ramas de diferentes equipos en el *trunk* principal del sistema de versiones se le conoce a menudo como integración inversa.

14.7.3 Etiquetado (tagging)

Mediante los *tags* es posible darle un nombre o etiqueta numerada al proyecto, que permita su posterior identificación en una fecha determinada. Se suelen utilizar etiquetas o *tags* para identificar el contenido de las versiones publicadas del proyecto. Dichas etiquetas suelen verse como ramas congeladas, donde su contenido no evoluciona.

Veamos un ejemplo de las operaciones anteriores desde Eclipse. Para ello, vamos a empezar creando una nueva rama, que llamaremos *dev*, que está pensada para hacer desarrollo, manteniendo la rama *master* para ir haciendo *merges* desde *dev* cuando consigamos tener funcionalidades completas y estables.

Para ello, vamos a la perspectiva de Git en Eclipse. Expandimos el repositorio sobre el que estamos trabajando, y vamos a **Branches** > **Switch To** > **New Branch**. Automáticamente se cambia la rama a *dev* en la perspectiva Java de Eclipse. Si queremos volver a la rama *master* podemos hacer clic con el botón derecho del ratón en el proyecto e ir a **Team** > **Switch To** > **Master**.

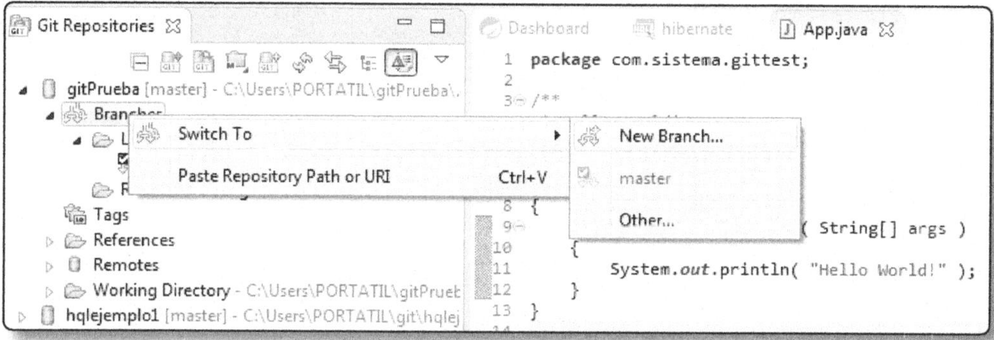

Figura 14.16. Gestión de ramas mediante Git

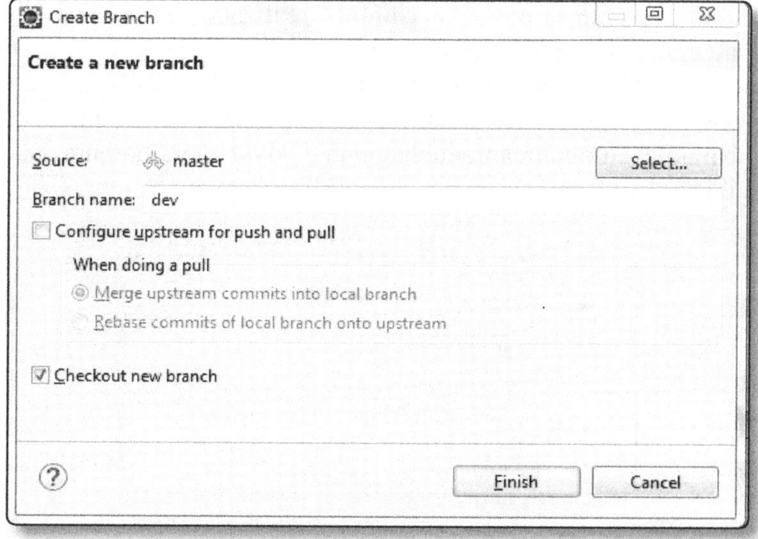

Figura 14.17. Creación de nueva rama

Hagamos ahora un cambio en la rama *dev*. Tras hacerlo, hacemos un *commit*. Supongamos ahora que nos interesa congelar el estado de la aplicación y sacar una primera versión. Para ello podríamos crear un *tag* desde la perspectiva de Git. El *tag* se creará a partir de lo que haya en la rama sobre la que estemos trabajando en ese momento, en este caso *dev*.

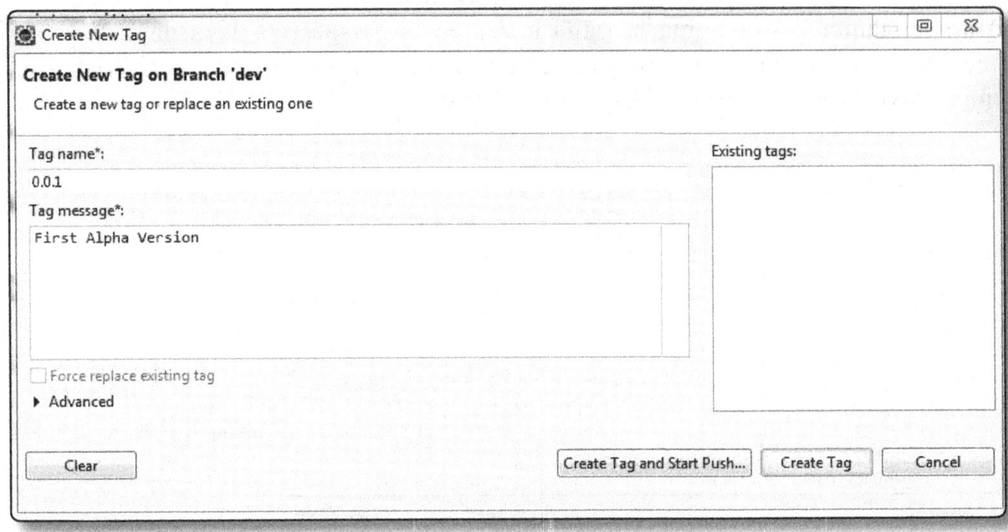

Figura 14.18. Etiquetando versiones de la rama

Por último, vamos a pasar los cambios realizados en la rama *dev* a la rama principal. Para ello, necesitamos hacer primero un *Switch to master*, ya que el *merge* debe ser iniciado por la rama que queramos que reciba los cambios. A continuación vamos a **Team** > **Merge**, y seleccionamos la rama *dev*. Dejamos marcada la opción por defecto para que automáticamente haga un *commit* sobre la rama *master* con los cambios recibidos.

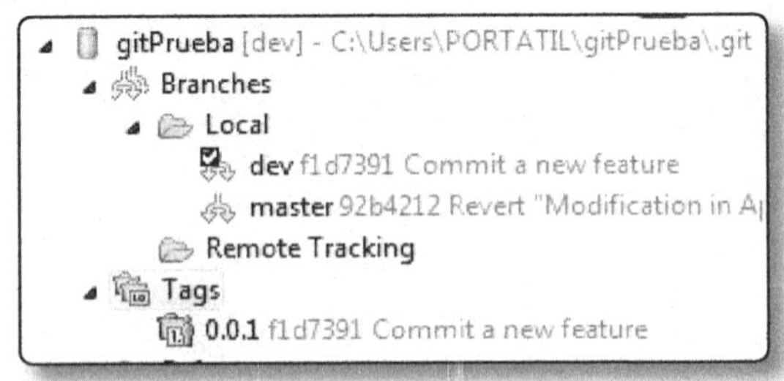

Figura 14.19. Estructura de ramas y tags

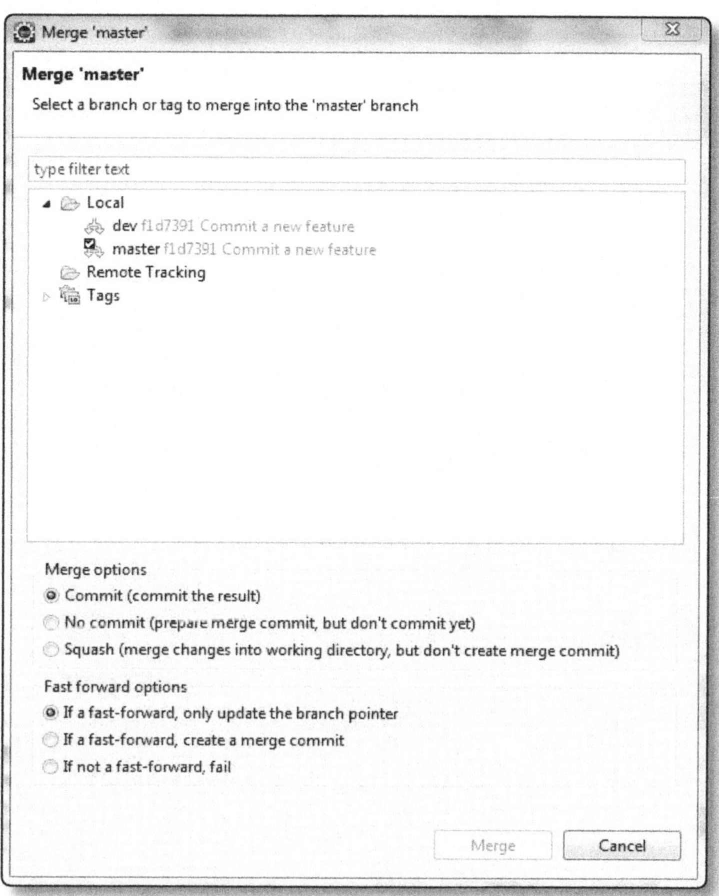

Figura 14.20. Realizando un merge de la rama

BIBLIOGRAFÍA

- WALLS, C.; *Spring in Action*, Manning Publications, edición 4.ª, 2014, ISBN-10: 161729120X.
- AMUTHAN, G.; *Spring MVC Beginner's Guide*, Packt Publishing, 2014, ISBN: 1783284870.
- YATES, C.; LADD, S. y DEINUM, M.; *Pro Spring MVC: With Web Flow*, Professional Apress, 2012, ISBN-10: 1430241551.
- JOHNSON, R. et al.; *Professional Java Development with the Spring Framework*, John Wiley & Sons, 2005, ISBN:0764574833.
- Spring Documentation Website:
  http://spring.io/docs
- SNYDER, B.; BOSANAC, D. y DAVIES, R.; *ActiveMQ in Action*, Manning.
- Apache Tiles Documentation:
  http://tiles.apache.org/framework/tutorial/
- Git Documentation:
  http://git-scm.com/doc
- O´BRIEN, T. et al.; *Maven, the complete reference*:
  http://books.sonatype.com/mvnref-book/reference/
- O´BRIEN, T. et al.; *Maven by example*:
  http://books.sonatype.com/mvnex-book/reference/public-book.html

MATERIAL ADICIONAL

El material adicional de este libro puede descargarlo en nuestro portal web: *http://www.ra-ma.es*.

Debe dirigirse a la ficha correspondiente a esta obra, dentro de la ficha encontrará el enlace para poder realizar la descarga. Dicha descarga consiste en un fichero ZIP con una contraseña de este tipo: XXX-XX-XXXX-XXX-X la cual se corresponde con el ISBN de este libro.

Podrá localizar el número de ISBN en la página IV (página de créditos). Para su correcta descompresión deberá introducir los dígitos y los guiones.

Cuando descomprima el fichero obtendrá los archivos que complementan al libro para que pueda continuar con su aprendizaje.

INFORMACIÓN ADICIONAL Y GARANTÍA

- RA-MA EDITORIAL garantiza que estos contenidos han sido sometidos a un riguroso control de calidad.
- Los archivos están libres de virus, para comprobarlo se han utilizado las últimas versiones de los antivirus líderes en el mercado.
- RA-MA EDITORIAL no se hace responsable de cualquier pérdida, daño o costes provocados por el uso incorrecto del contenido descargable.
- Este material es gratuito y se distribuye como contenido complementario al libro que ha adquirido, por lo que queda terminantemente prohibida su venta o distribución.

ÍNDICE ALFABÉTICO

D

E

F

G

H

I